贯彻落实《中共中央 国务院关于
深入推进城市执法体制改革 改进城市管理工作的指导意见》

城市管理工作指南

罗亚蒙 编著

西苑出版社
XIYUAN PUBLISHING HOUSE
2017 年·北京

图书在版编目（CIP）数据

城市管理工作指南 / 罗亚蒙编著 . — 北京：西苑出版社，2017.1
ISBN 978-7-5151-0618-2

Ⅰ . ①城… Ⅱ . ①罗… Ⅲ . ①城市管理—指南 Ⅳ . ① F293-62

中国版本图书馆 CIP 数据核字（2016）第 238561 号

城市管理工作指南

作　　者　罗亚蒙
责任编辑　李　涛
特约编辑　杨　文
封面设计　胡玉玲
出版发行　西苑出版社
通讯地址　北京市朝阳区利泽东二路3号
邮政编码　100102
电　　话　010-64228516
传　　真　010-88637120
网　　址　www.xiyuanpublishinghouse.com
印　　刷　三河市百盛印装有限公司
经　　销　全国新华书店
开　　本　710毫米 × 1000毫米　1/16
字　　数　240千字
印　　张　17
版　　次　2017年1月第1版
印　　次　2017年1月第1次印刷
书　　号　ISBN 978-7-5151-0618-2
定　　价　40.00元

前　言

2015 年 12 月 24 日，《中共中央 国务院关于深入推进城市执法体制改革 改进城市管理工作的指导意见》发布，为我国未来城市管理执法大部门体制机制改革指明了方向。

如何把中央的指导意见落实到各级党委、政府具体的实践工作中，是当前各级党委、政府和城市管理部门最为关切的问题。尤其“理顺城市管理执法体制”问题，更是贯彻落实中央指导意见的重中之重。

为帮助各级党委、政府和城市管理执法系统广大干部职工学习贯彻落实好《中共中央 国务院关于深入推进城市执法体制改革 改进城市管理工作的指导意见》，我们编写了《城市管理工作指南》一书。

本书内容包括两部分：

上篇包括《中共中央 国务院关于深入推进城市执法体制改革 改进城市管理工作的指导意见》全文和近年来党中央、国务院涉及城市管理工作的重要文件，旨在帮助各级党委、政府和城市管理部门把准中国城市发展大方向。

下篇根据中央指示精神、住房和城乡建设部批准立项 09-R3-4 项目《中国城市管理体制及其运行机制研究》报告（全文详见住房和城乡建设部中国城市出版社《罗亚蒙说和谐宜居城市》一书），总结各地近年来城市管理工作实践经验，结合最新形势，详细说明全国人大常委会、国务院、中共中央政法委、中央编办、国务院法制办、住房和城乡建设部、公安部、财政部、教育部、发改委、监察部、人力资源和社会保障部、环保部、民政部、工商总局以及省（自治区、直辖市）、市（州、盟）、县（市、区、旗）、镇（乡、街）、村（社区）在城市管理大部门体制机制工作体系中应该做什么和怎么做，旨在帮助各级党委、政府和城市管理部门把中央指导意见更好地落到实处。

本书重在总体把握《中共中央 国务院关于深入推进城市执法体制改革 改进城市管理工作的指导意见》的精神实质，突出在实际操作环节破解当前城市管理执法工作中的疑点、难点、重点，特别关注可操作性和降低行政成本、提高执法性能，并不面面俱到，真正发挥为城市管理执法工作“指南”的作用。书中的意见，旨在更好地引领城市管理工作向现代化、法治化、专业化、科学化、人性化、规范化方向发展。各地党委、政府和城市管理部门在学习落实时，除了中央刚性要求外，应结合本地实际情况加以灵活应用。

本书作者罗亚蒙是著名城市管理专家，“和谐宜居城市智库”创始人，法制日报社中国城市管理法治研究中心研究员，浙江财经大学公共管理学院城市发展与管理系兼职教授，中国城市管理科学理论体系的主要奠基人之一，出版有《罗亚蒙说和谐城管》（人民日报出版社，2000 年）和《罗亚蒙说和谐宜居城市》（中国城市出版社，2016 年），2006 年以来已倡导十年的“和谐城管”理念渐成社会各界共识，主导完成的住房和城乡建设部批准立项 09-R3-4 项目《中国城市管理体制及其运行机制研究》课题，首次建立了我国完整的城市管理科学概念体系，并提出了我国城市管理大部门体制机制顶层设计方案。

本书融科学性与实用性于一体，是各级党委、政府领导干部指导做好城市管理工作必不可少的参考资料，也是城市管理系统广大干部职工做好城市管理工作不可或缺的学习资料，更是从事城市管理教学、科研、培训工作必备首选的最佳教材。

为方便城市管理执法系统工作，本书所录城市管理执法工作常用表格，均可关注我们的微信公众号（csglgzzn）后免费索取电子版。

本书拟每年修订一次，勘订谬误，添补新知，以满足各级党委、政府和城市管理执法系统广大干部职工学习工作需要，欢迎广大读者随时来信提出修订意见和建议，可发电子邮件到 cgzfjz@163.com，也可通过我们的微信公众号（csglgzzn）或新浪微博（@和谐城管网）提出，以便下一年度修订时参考。

目　录

上篇

城市管理工作重要学习资料选编

中共中央 国务院
关于深入推进城市执法体制改革 改进城市管理工作的指导意见

（2015 年 12 月 24 日）

改革开放以来，我国城镇化快速发展，城市规模不断扩大，建设水平逐步提高，保障城市健康运行的任务日益繁重，加强和改善城市管理的需求日益迫切，城市管理工作的地位和作用日益突出。各地区各有关方面适应社会发展形势，积极做好城市管理工作，探索提高城市管理执法和服务水平，对改善城市秩序、促进城市和谐、提升城市品质发挥了重要作用。但也要清醒看到，与新型城镇化发展要求和人民群众生产生活需要相比，我国多数地区在城市市政管理、交通运行、人居环境、应急处置、公共秩序等方面仍有较大差距，城市管理执法工作还存在管理体制不顺、职责边界不清、法律法规不健全、管理方式简单、服务意识不强、执法行为粗放等问题，社会各界反映较为强烈，在一定程度上制约了城市健康发展和新型城镇化的顺利推进。

深入推进城市管理执法体制改革，改进城市管理工作，是落实“四个全面”战略布局的内在要求，是提高政府治理能力的重要举措，是增进民生福祉的现实需要，是促进城市发展转型的必然选择。为理顺城市管理执法体制，解决城市管理面临的突出矛盾和问题，消除城市管理工作中的短板，进一步提高城市管理和公共服务水平，现提出以下意见。

一、总体要求

（一）指导思想。深入贯彻党的十八大和十八届二中、三中、四中、五中全会及中央城镇化工作会议、中央城市工作会议精神，以“四个全面”战略布局为引领，牢固树立创新、协调、绿色、开放、共享的发展理念，以城市管理现代化为指向，以理顺体制机制为途径，将城市管理执法体制改革作为推进城市发展方式转变的重要手段，与简政放权、放管结合、转变政府职能、规范行政权力运行等有机结合，构建权责明晰、服务为先、管理优化、执法规范、安全有序的城市管理体制，推动城市管理走向城市治理，促进城市运行高效有序，实现城市让生活更美好。

（二）基本原则

——坚持以人为本。牢固树立为人民管理城市的理念，强化宗旨意识和服务意识，落实惠民和便民措施，以群众满意为标准，切实解决社会各界最关心、最直接、最现实的问题，努力消除各种“城市病”。

——坚持依法治理。完善执法制度，改进执法方式，提高执法素养，把严格规范公正文明执法的要求落实到城市管理执法全过程。

——坚持源头治理。增强城市规划、建设、管理的科学性、系统性和协调性，综合考虑公共秩序管理和群众生产生活需要，合理安排各类公共设施和空间布局，加强对城市规划、建设实施情况的评估和反馈。变被动管理为主动服务，变末端执法为源头治理，从源头上预防和减少违法违规行为。

——坚持权责一致。明确城市管理和执法职责边界，制定权力清单，落实执法责任，权随事走、人随事调、费随事转，实现事权和支出相适应、权力和责任相统一。合理划分城市管理事权，实行属地管理，明确市、县政府在城市管理和执法中负主体责任，充实一线人员力量，落实执法运行经费，将工作重点放在基层。

——坚持协调创新。加强政策措施的配套衔接，强化部门联动配合，有序推进相关工作。以网格化管理、社会化服务为方向，以智慧城市建设为契机，充分发挥现代信息技术的优势，加快形成与经济社会发展相匹配的城市管理能力。

（三）总体目标。到2017年年底，实现市、县政府城市管理领域的机构综合设置。到2020年，城市管理法律法规和标准体系基本完善，执法体制基本理顺，机构和队伍建设明显加强，保障机制初步完善，服务便民高效，现代城市治理体系初步形成，城市管理效能大幅提高，人民群众满意度显著提升。

二、理顺管理体制

（四）匡定管理职责。城市管理的主要职责是市政管理、环境管理、交通管理、应急管理和城市规划实施管理等。具体实施范围包括：市政公用设施运行管理、市容环境卫生管理、园林绿化管理等方面的全部工作；市、县政府依法确定的，与城市管理密切相关、需要纳入统一管理的公共空间秩序管理、违法建设治理、环境保护管理、交通管理、应急管理等方面的部分工作。城市管理执法即是在上述领域根据国家法律法规规定履行行政执法权力的行为。

（五）明确主管部门。国务院住房和城乡建设主管部门负责对全国城市管理工作的指导，研究拟定有关政策，制定基本规范，做好顶层设计，加强对省、自治区、直辖市城市管理工作的指导监督协调，积极推进地方各级政府城市管理事权法律化、规范化。各省、自治区、直辖市政府应当确立相应的城市管理主管部门，加强对辖区内城市管理工作的业务指导、组织协调、监督检查和考核评价。各地应科学划分城市管理部门与相关行政主管部门的工作职责，有关管理和执法职责划转城市管理部门后，原主管部门不再行使。

（六）综合设置机构。按照精简统一效能的原则，住房和城乡建设部会同中央编办指导地方整合归并省级执法队伍，推进市县两级政府城市管理领域大部门制改革，整合市政公用、市容环卫、园林绿化、城市管理执法等城市管理相关职能，实现管理执法机构综合设置。统筹解决好机构性质问题，具备条件的应当纳入政府机构序列。遵循城市运行规律，建立健全以城市良性运行为核心，地上地下设施建设运行统筹协调的城市管理体制机制。有条件的市和县应当建立规划、建设、管理一体化的行政管理体制，强化城市管理和执法工作。

（七）推进综合执法。重点在与群众生产生活密切相关、执法频率高、多头执法扰民问题突出、专业技术要求适宜、与城市管理密切相关且需要集中行使行政处罚权的领域推行综合执法。具体范围是：住房城乡建设领域法律法规规章规定的全部行政处罚权；环境保护管理方面社会生活噪声污染、建筑施工噪声污染、建筑施工扬尘污染、餐饮服务业油烟污染、露天烧烤污染、城市焚烧沥青塑料垃圾等烟尘和恶臭污染、露天焚烧秸秆落叶等烟尘污染、燃放烟花爆竹污染等的行政处罚权；工商管理方面户外公共场所无照经营、违规设置户外广告的行政处罚权；交通管理方面侵占城市道路、违法停放车辆等的行政处罚权；水务管理方面向城市河道倾倒废弃物和垃圾及违规取土、城市河道违法建筑物拆除等的行政处罚权；食品药品监管方面户外公共场所食品销售和餐饮摊点无证经营，以及违法回收贩卖药品等的行政处罚权。城市管理部门可以实施与上述范围内法律法规规定的行政处罚权有关的行政强制措施。到2017年年底，实现住房城乡建设领域行政处罚权的集中行使。上述范围以外需要集中行使的具体行政处罚权及相应的行政强制权，由市、县政府报所在省、自治区政府审批，直辖市政府可以自行确定。

（八）下移执法重心。按照属地管理、权责一致的原则，合理确定设区的市和市辖区城市管理部门的职责分工。市级城市管理部门主要负责城市管理和执法工作的指导、监督、考核，以及跨区域及重大复杂违法违规案件的查处。按照简政放权、放管结合、优化服务的要求，在设区的市推行市或区一级执法，市辖区能够承担的可以实行区一级执法，区级城市管理部门可以向街道派驻执法机构，推动执法事项属地化管理；市辖区不能承担的，市级城市管理部门可以向市辖区和街道派驻执法机构，开展综合执法工作。派驻机构业务工作接受市或市辖区城市管理部门的领导，日常管理以所在市辖区或街道为主，负责人的调整应当征求派驻地党（工）委的意见。逐步实现城市管理执法工作全覆盖，并向乡镇延伸，推进城乡一体化发展。

三、强化队伍建设

（九）优化执法力量。各地应当根据执法工作特点合理设置岗位，科学确定城市管理执法人员配备比例标准，统筹解决好执法人员身份编制问题，在核定的行政编制数额内，具备条件的应当使用行政编制。执法力量要向基层倾斜，适度提高一线人员的比例，通过调整结构优化执法力量，确保一线执法工作需要。区域面积大、流动人口多、管理执法任务重的地区，可以适度调高执法人员配备比例。

（十）严格队伍管理。建立符合职业特点的城市管理执法人员管理制度，优化干部任用和人才选拔机制，严格按照公务员法有关规定开展执法人员录用等有关工作，加大接收安置军转干部的力度，加强领导班子和干部队伍建设。根据执法工作需要，统一制式服装和标志标识，制定执法执勤用车、装备配备标准，到2017年年底，实现执法制式服装和标志标识统一。严格执法人员素质要求，加强思想道德和素质教育，着力提升执法人员业务能力，打造政治坚定、作风优良、纪律严明、廉洁务实的执法队伍。

（十一）注重人才培养。加强现有在编执法人员业务培训和考试，严格实行执法人员持证上岗和资格管理制度，到2017年年底，完成处级以上干部轮训和持证上岗工作。建立符合职业特点的职务晋升和交流制度，切实解决基层执法队伍基数大、职数少的问题，确保部门之间相对平衡、职业发展机会平等。完善基层执法人员工资政策。研究通过工伤保险、抚恤等政策提高风险保障水平。鼓励高等学校设置城市管理专业或开设城市管理课程，依托党校、行政学院、高等学校等开展岗位培训。

（十二）规范协管队伍。各地可以根据实际工作需要，采取招用或劳务派遣等形式配置城市管理执法协管人员。建立健全协管人员招聘、管理、奖惩、退出等制度。协管人员数量不得超过在编人员，并应当随城市管理执法体制改革逐步减少。协管人员只能配合执法人员从事宣传教育、巡查、信息收集、违法行为劝阻等辅助性事务，不得从事具体行政执法工作。协管人员从事执法辅助事务以及超越辅助事务所形成的后续责任，由本级城市管理部门承担。

四、提高执法水平

（十三）制定权责清单。各地要按照转变政府职能、规范行政权力运行的要求，全面清理调整现有城市管理和综合执法职责，优化权力运行流程。依法建立城市管理和综合执法部门的权力和责任清单，向社会公开职能职责、执法依据、处罚标准、运行流程、监督途径和问责机制。制定责任清单与权力清单工作要统筹推进，并实行动态管理和调整。到2016年年底，市、县两级城市管理部门要基本完成权力清单和责任清单的制定公布工作。

（十四）规范执法制度。各地城市管理部门应当切实履行城市管理执法职责，完善执法程序，规范办案流程，明确办案时限，提高办案效率。积极推行执法办案评议考核制度和执法公示制度。健全行政处罚适用规则和裁量基准制度、执法全过程记录制度。严格执行重大执法决定法制审核制度。杜绝粗暴执法和选择性执法，确保执法公信力，维护公共利益、人民权益和社会秩序。

（十五）改进执法方式。各地城市管理执法人员应当严格履行执法程序，做到着装整齐、用语规范、举止文明，依法规范行使行政检查权和行政强制权，严禁随意采取强制执法措施。坚持处罚与教育相结合的原则，根据违法行为的性质和危害后果，灵活运用不同执法方式，对情节较轻或危害后果能够及时消除的，应当多做说服沟通工作，加强教育、告诫、引导。综合运用行政指导、行政奖励、行政扶助、行政调解等非强制行政手段，引导当事人自觉遵守法律法规，及时化解矛盾纷争，促进社会和谐稳定。

（十六）完善监督机制。强化外部监督机制，畅通群众监督渠道、行政复议渠道，城市管理部门和执法人员要主动接受法律监督、行政监督、社会监督。强化内部监督机制，全面落实行政执法责任制，加强城市管理部门内部流程控制，健全责任追究机制、纠错问责机制。强化执法监督工作，坚决排除对执法活动的违规人为干预，防止和克服各种保护主义。

五、完善城市管理

（十七）加强市政管理。市政公用设施建设完成后，应当及时将管理信息移交城市管理部门，并建立完备的城建档案，实现档案信息共享。加强市政公用设施管护工作，保障安全高效运行。加强城市道路管理，严格控制道路开挖或占用道路行为。加强城市地下综合管廊、给排水和垃圾处理等基础设施管理，服务入廊单位生产运行和市民日常生活。

（十八）维护公共空间。加强城市公共空间规划，提升城市设计水平。加强建筑物立面管理和色调控制，规范报刊亭、公交候车亭等“城市家具”设置，加强户外广告、门店牌匾设置管理。加强城市街头流浪乞讨人员救助管理。严查食品无证摊贩、散发张贴小广告、街头非法回收药品、贩卖非法出版物等行为。及时制止、严肃查处擅自变更建设项目规划设计和用途、违规占用公共空间以及乱贴乱画乱挂等行为，严厉打击违法用地、违法建设行为。

（十九）优化城市交通。坚持公交优先战略，着力提升城市公共交通服务水平。加强不同交通工具之间的协调衔接，倡导步行、自行车等绿色出行方式。打造城市交通微循环系统，加大交通需求调控力度，优化交通出行结构，提高路网运行效率。加强城市交通基础设施和智能化交通指挥设施管理维护。整顿机动车交通秩序。加强城市出租客运市场管理。加强静态交通秩序管理，综合治理非法占道停车及非法挪用、占用停车设施，鼓励社会资本投入停车场建设，鼓励单位停车场错时对外开放，逐步缓解停车难问题。

（二十）改善人居环境。切实增加物质和人力投入，提高城市园林绿化、环卫保洁水平，加强大气、噪声、固体废物、河湖水系等环境管理，改善城市人居环境。规范建筑施工现场管理，严控噪声扰民、施工扬尘和渣土运输抛洒。推进垃圾减量化、资源化、无害化管理。加强废弃电器电子产品回收处理和医疗垃圾集中处理管理。大力开展爱国卫生运动，提高城市卫生水平。

（二十一）提高应急能力。提高城市防灾减灾能力，保持水、电、气、热、交通、通信、网络等城市生命线系统畅通。建立完善城市管理领域安全监管责任制，强化重大危险源监控，消除重大事故隐患。加强城市基础设施安全风险隐患排查，建立分级、分类、动态管理制度。完善城市管理应急响应机制，提高突发事件处置能力。强化应急避难场所、设施设备管理，加强各类应急物资储备。建立应急预案动态调整管理制度，经常性开展疏散转移、自救互救等综合演练。做好应对自然灾害等突发事件的军地协调工作。

（二十二）整合信息平台。积极推进城市管理数字化、精细化、智慧化，到2017年年底，所有市、县都要整合形成数字化城市管理平台。基于城市公共信息平台，综合运用物联网、云计算、大数据等现代信息技术，整合人口、交通、能源、建设等公共设施信息和公共基础服务，拓展数字化城市管理平台功能。加快数字化城市管理向智慧化升级，实现感知、分析、服务、指挥、监察“五位一体”。整合城市管理相关电话服务平台，形成全国统一的12319城市管理服务热线，并实现与110报警电话等的对接。综合利用各类监测监控手段，强化视频监控、环境监测、交通运行、供水供气供电、防洪防涝、生命线保障等城市运行数据的综合采集和管理分析，形成综合性城市管理数据库，重点推进城市建筑物数据库建设。强化行政许可、行政处罚、社会诚信等城市管理全要素数据的采集与整合，提升数据标准化程度，促进多部门公共数据资源互联互通和开放共享，建立用数据说话、用数据决策、用数据管理、用数据创新的新机制。

（二十三）构建智慧城市。加强城市基础设施智慧化管理与监控服务，加快市政公用设施智慧化改造升级，构建城市虚拟仿真系统，强化城镇重点应用工程建设。发展智慧水务，构建覆盖供水全过程、保障供水质量安全的智能供排水和污水处理系统。发展智慧管网，实现城市地下空间、地下综合管廊、地下管网管理信息化和运行智能化。发展智能建筑，实现建筑设施设备节能、安全的智能化管控。加快城市管理和综合执法档案信息化建设。依托信息化技术，综合利用视频一体化技术，探索快速处置、非现场执法等新型执法模式，提升执法效能。

六、创新治理方式

（二十四）引入市场机制。发挥市场作用，吸引社会力量和社会资本参与城市管理。鼓励地方通过政府和社会资本合作等方式，推进城市市政基础设施、市政公用事业、公共交通、便民服务设施等的市场化运营。推行环卫保洁、园林绿化管养作业、公共交通等由政府向社会购买服务，逐步加大购买服务力度。综合运用规划引导、市场运作、商户自治等方式，顺应历史沿革和群众需求，合理设置、有序管理方便生活的自由市场、摊点群、流动商贩疏导点等经营场所和服务网点，促创业、带就业、助发展、促和谐。

（二十五）推进网格管理。建立健全市、区（县）、街道（乡镇）、社区管理网络，科学划分网格单元，将城市管理、社会管理和公共服务事项纳入网格化管理。明确网格管理对象、管理标准和责任人，实施常态化、精细化、制度化管理。依托基层综合服务管理平台，全面加强对人口、房屋、证件、车辆、场所、社会组织等各类基础信息的实时采集、动态录入，准确掌握情况，及时发现和快速处置问题，有效实现政府对社会单元的公共管理和服务。

（二十六）发挥社区作用。加强社区服务型党组织建设，充分发挥党组织在基层社会治理中的领导核心作用，发挥政府在基层社会治理中的主导作用。依法建立社区公共事务准入制度，充分发挥社区居委会作用，增强社区自治功能。充分发挥社会工作者等专业人才的作用，培育社区社会组织，完善社区协商机制。推动制定社区居民公约，促进居民自治管理。建设完善社区公共服务设施，打造方便快捷生活圈。通过建立社区综合信息平台、编制城市管理服务图册、设置流动服务站等方式，提供惠民便民公共服务。

（二十七）动员公众参与。依法规范公众参与城市治理的范围、权利和途径，畅通公众有序参与城市治理的渠道。倡导城市管理志愿服务，建立健全城市管理志愿服务宣传动员、组织管理、激励扶持等制度和组织协调机制，引导志愿者与民间组织、慈善机构和非营利性社会团体之间的交流合作，组织开展多形式、常态化的志愿服务活动。依法支持和规范服务性、公益性、互助性社会组织发展。采取公众开放日、主题体验活动等方式，引导社会组织、市场中介机构和公民法人参与城市治理，形成多元共治、良性互动的城市治理模式。

（二十八）提高文明意识。把培育和践行社会主义核心价值观作为城市文明建设的根本任务，融入国民教育和精神文明创建全过程，广泛开展城市文明教育，大力弘扬社会公德。深化文明城市创建，不断提升市民文明素质和城市文明程度。积极开展新市民教育和培训，让新市民尽快融入城市生活，促进城市和谐稳定。充分发挥各级党组织和工会、共青团、妇联等群团组织的作用，广泛开展城市文明主题宣传教育和实践活动。加强社会诚信建设，坚持将公约引导、信用约束、法律规制相结合，以他律促自律。

七、完善保障机制

（二十九）健全法律法规。加强城市管理和执法方面的立法工作，完善配套法规和规章，实现深化改革与法治保障有机统一，发挥立法对改革的引领和规范作用。有立法权的城市要根据立法法的规定，加快制定城市管理执法方面的地方性法规、规章，明晰城市管理执法范围、程序等内容，规范城市管理执法的权力和责任。全面清理现行法律法规中与推进城市管理执法体制改革不相适应的内容，定期开展规章和规范性文件清理工作，并向社会公布清理结果，加强法律法规之间的衔接。加快制定修订一批城市管理和综合执法方面的标准，形成完备的标准体系。

（三十）保障经费投入。按照事权和支出责任相适应原则，健全责任明确、分类负担、收支脱钩、财政保障的城市管理经费保障机制，实现政府资产与预算管理有机结合，防止政府资产流失。城市政府要将城市管理经费列入同级财政预算，并与城市发展速度和规模相适应。严格执行罚缴分离、收支两条线制度，不得将城市管理经费与罚没收入挂钩。各地要因地制宜加大财政支持力度，统筹使用有关资金，增加对城市管理执法人员、装备、技术等方面的资金投入，保障执法工作需要。

（三十一）加强司法衔接。建立城市管理部门与公安机关、检察机关、审判机关信息共享、案情通报、案件移送等制度，实现行政处罚与刑事处罚无缝对接。公安机关要依法打击妨碍城市管理执法和暴力抗法行为，对涉嫌犯罪的，应当依照法定程序处理。检察机关、审判机关要加强法律指导，及时受理、审理涉及城市管理执法的案件。检察机关有权对城市管理部门在行政执法中发现涉嫌犯罪案件线索的移送情况进行监督，城市管理部门对于发现的涉嫌犯罪案件线索移送不畅的，可以向检察机关反映。加大城市管理执法行政处罚决定的行政和司法强制执行力度。

八、加强组织领导

（三十二）明确工作责任。加强党对城市管理工作的组织领导。各级党委和政府要充分认识推进城市管理执法体制改革、改进城市管理工作的重要性和紧迫性，把这项工作列入重要议事日程，按照有利于服务群众的原则，切实履行领导责任，研究重大问题，把握改革方向，分类分层推进。各省、自治区可以选择一个城市先行试点，直辖市可以全面启动改革工作。各省、自治区、直辖市政府要制定具体方案，明确时间步骤，细化政策措施，及时总结试点经验，稳妥有序推进改革。上级政府要加强对下级政府的指导和督促检查，重要事项及时向党委报告。中央和国家机关有关部门要增强大局意识、责任意识，加强协调配合，支持和指导地方推进改革工作。

（三十三）建立协调机制。建立全国城市管理工作部际联席会议制度，统筹协调解决制约城市管理工作的重大问题，以及相关部门职责衔接问题。各省、自治区政府应当建立相应的协调机制。市、县政府应当建立主要负责同志牵头的城市管理协调机制，加强对城市管理工作的组织协调、监督检查和考核奖惩。建立健全市、县相关部门之间信息互通、资源共享、协调联动的工作机制，形成管理和执法工作合力。

（三十四）健全考核制度。将城市管理执法工作纳入经济社会发展综合评价体系和领导干部政绩考核体系，推动地方党委、政府履职尽责。推广绩效管理和服务承诺制度，加快建立城市管理行政问责制度，健全社会公众满意度评价及第三方考评机制，形成公开、公平、公正的城市管理和综合执法工作考核奖惩制度体系。加强城市管理效能考核，将考核结果作为城市党政领导班子和领导干部综合考核评价的重要参考。

（三十五）严肃工作纪律。各级党委和政府要严格执行有关编制、人事、财经纪律，严禁在推进城市管理执法体制改革工作中超编进人、超职数配备领导干部、突击提拔干部。对违反规定的，要按规定追究有关单位和人员的责任。在职责划转、机构和人员编制整合调整过程中，应当按照有关规定衔接好人财物等要素，做好工作交接，保持工作的连续性和稳定性。涉及国有资产划转的，应做好资产清查工作，严格执行国有资产管理有关规定，确保国有资产安全完整。

（三十六）营造舆论环境。各级党委和政府要高度重视宣传和舆论引导工作，加强中央与地方的宣传联动，将改革实施与宣传工作协同推进，正确引导社会预期。加强对城市管理执法先进典型的正面宣传，营造理性、积极的舆论氛围，及时回应社会关切，凝聚改革共识。推进城市管理执法信息公开，保障市民的知情权、参与权、表达权、监督权。加强城市管理执法舆情监测、研判、预警和应急处置，提高舆情应对能力。住房和城乡建设部、中央编办、国务院法制办要及时总结各地经验，切实强化对推进城市管理执法体制改革、提高城市管理水平相关工作的协调指导和监督检查。重大问题要及时报告党中央、国务院。中央将就贯彻落实情况适时组织开展专项监督检查。

新华社 2015 年 12 月 30 日电

中共中央 国务院
关于进一步加强城市规划建设管理工作的若干意见

（2016 年 2 月 6 日）

城市是经济社会发展和人民生产生活的重要载体，是现代文明的标志。新中国成立特别是改革开放以来，我国城市规划建设管理工作成就显著，城市规划法律法规和实施机制基本形成，基础设施明显改善，公共服务和管理水平持续提升，在促进经济社会发展、优化城乡布局、完善城市功能、增进民生福祉等方面发挥了重要作用。同时务必清醒地看到，城市规划建设管理中还存在一些突出问题：城市规划前瞻性、严肃性、强制性和公开性不够，城市建筑贪大、媚洋、求怪等乱象丛生，特色缺失，文化传承堪忧；城市建设盲目追求规模扩张，节约集约程度不高；依法治理城市力度不够，违法建设、大拆大建问题突出，公共产品和服务供给不足，环境污染、交通拥堵等“城市病”蔓延加重。

积极适应和引领经济发展新常态，把城市规划好、建设好、管理好，对促进以人为核心的新型城镇化发展，建设美丽中国，实现“两个一百年”奋斗目标和中华民族伟大复兴的中国梦具有重要现实意义和深远历史意义。为进一步加强和改进城市规划建设管理工作，解决制约城市科学发展的突出矛盾和深层次问题，开创城市现代化建设新局面，现提出以下意见。

一、总体要求

（一）指导思想。全面贯彻党的十八大和十八届三中、四中、五中全会及中央城镇化工作会议、中央城市工作会议精神，深入贯彻习近平总书记系列重要讲话精神，按照“五位一体”总体布局和“四个全面”战略布局，牢固树立和贯彻落实创新、协调、绿色、开放、共享的发展理念，认识、尊重、顺应城市发展规律，更好发挥法治的引领和规范作用，依法规划、建设和管理城市，贯彻“适用、经济、绿色、美观”的建筑方针，着力转变城市发展方式，着力塑造城市特色风貌，着力提升城市环境质量，着力创新城市管理服务，走出一条中国特色城市发展道路。

（二）总体目标。实现城市有序建设、适度开发、高效运行，努力打造和谐宜居、富有活力、各具特色的现代化城市，让人民生活更美好。

（三）基本原则。坚持依法治理与文明共建相结合，坚持规划先行与建管并重相结合，坚持改革创新与传承保护相结合，坚持统筹布局与分类指导相结合，坚持完善功能与宜居宜业相结合，坚持集约高效与安全便利相结合。

二、强化城市规划工作

（四）依法制定城市规划。城市规划在城市发展中起着战略引领和刚性控制的重要作用。依法加强规划编制和审批管理，严格执行城乡规划法规定的原则和程序，认真落实城市总体规划由本级政府编制、社会公众参与、同级人大常委会审议、上级政府审批的有关规定。创新规划理念，改进规划方法，把以人为本、尊重自然、传承历史、绿色低碳等理念融入城市规划全过程，增强规划的前瞻性、严肃性和连续性，实现一张蓝图干到底。坚持协调发展理念，从区域、城乡整体协调的高度确定城市定位、谋划城市发展。加强空间开发管制，划定城市开发边界，根据资源禀赋和环境承载能力，引导调控城市规模，优化城市空间布局和形态功能，确定城市建设约束性指标。按照严控增量、盘活存量、优化结构的思路，逐步调整城市用地结构，把保护基本农田放在优先地位，保证生态用地，合理安排建设用地，推动城市集约发展。改革完善城市规划管理体制，加强城市总体规划和土地利用总体规划的衔接，推进两图合一。在有条件的城市探索城市规划管理和国土资源管理部门合一。

（五）严格依法执行规划。经依法批准的城市规划，是城市建设和管理的依据，必须严格执行。进一步强化规划的强制性，凡是违反规划的行为都要严肃追究责任。城市政府应当定期向同级人大常委会报告城市规划实施情况。城市总体规划的修改，必须经原审批机关同意，并报同级人大常委会审议通过，从制度上防止随意修改规划等现象。控制性详细规划是规划实施的基础，未编制控制性详细规划的区域，不得进行建设。控制性详细规划的编制、实施以及对违规建设的处理结果，都要向社会公开。全面推行城市规划委员会制度。健全国家城乡规划督察员制度，实现规划督察全覆盖。完善社会参与机制，充分发挥专家和公众的力量，加强规划实施的社会监督。建立利用卫星遥感监测等多种手段共同监督规划实施的工作机制。严控各类开发区和城市新区设立，凡不符合城镇体系规划、城市总体规划和土地利用总体规划进行建设的，一律按违法处理。用5年左右时间，全面清查并处理建成区违法建设，坚决遏制新增违法建设。

三、塑造城市特色风貌

（六）提高城市设计水平。城市设计是落实城市规划、指导建筑设计、塑造城市特色风貌的有效手段。鼓励开展城市设计工作，通过城市设计，从整体平面和立体空间上统筹城市建筑布局，协调城市景观风貌，体现城市地域特征、民族特色和时代风貌。单体建筑设计方案必须在形体、色彩、体量、高度等方面符合城市设计要求。抓紧制定城市设计管理法规，完善相关技术导则。支持高等学校开设城市设计相关专业，建立和培育城市设计队伍。

（七）加强建筑设计管理。按照“适用、经济、绿色、美观”的建筑方针，突出建筑使用功能以及节能、节水、节地、节材和环保，防止片面追求建筑外观形象。强化公共建筑和超限高层建筑设计管理，建立大型公共建筑工程后评估制度。坚持开放发展理念，完善建筑设计招投标决策机制，规范决策行为，提高决策透明度和科学性。进一步培育和规范建筑设计市场，依法严格实施市场准入和清出。为建筑设计院和建筑师事务所发展创造更加良好的条件，鼓励国内外建筑设计企业充分竞争，使优秀作品脱颖而出。培养既有国际视野又有民族自信的建筑师队伍，进一步明确建筑师的权利和责任，提高建筑师的地位。倡导开展建筑评论，促进建筑设计理念的交融和升华。

（八）保护历史文化风貌。有序实施城市修补和有机更新，解决老城区环境品质下降、空间秩序混乱、历史文化遗产损毁等问题，促进建筑物、街道立面、天际线、色彩和环境更加协调、优美。通过维护加固老建筑、改造利用旧厂房、完善基础设施等措施，恢复老城区功能和活力。加强文化遗产保护传承和合理利用，保护古遗址、古建筑、近现代历史建筑，更好地延续历史文脉，展现城市风貌。用5年左右时间，完成所有城市历史文化街区划定和历史建筑确定工作。

四、提升城市建筑水平

（九）落实工程质量责任。完善工程质量安全管理制度，落实建设单位、勘察单位、设计单位、施工单位和工程监理单位等五方主体质量安全责任。强化政府对工程建设全过程的质量监管，特别是强化对工程监理的监管，充分发挥质监站的作用。加强职业道德规范和技能培训，提高从业人员素质。深化建设项目组织实施方式改革，推广工程总承包制，加强建筑市场监管，严厉查处转包和违法分包等行为，推进建筑市场诚信体系建设。实行施工企业银行保函和工程质量责任保险制度。建立大型工程技术风险控制机制，鼓励大型公共建筑、地铁等按市场化原则向保险公司投保重大工程保险。

（十）加强建筑安全监管。实施工程全生命周期风险管理，重点抓好房屋建筑、城市桥梁、建筑幕墙、斜坡（高切坡）、隧道（地铁）、地下管线等工程运行使用的安全监管，做好质量安全鉴定和抗震加固管理，建立安全预警及应急控制机制。加强对既有建筑改扩建、装饰装修、工程加固的质量安全监管。全面排查城市老旧建筑安全隐患，采取有力措施限期整改，严防发生垮塌等重大事故，保障人民群众生命财产安全。

（十一）发展新型建造方式。大力推广装配式建筑，减少建筑垃圾和扬尘污染，缩短建造工期，提升工程质量。制定装配式建筑设计、施工和验收规范。完善部品部件标准，实现建筑部品部件工厂化生产。鼓励建筑企业装配式施工，现场装配。建设国家级装配式建筑生产基地。加大政策支持力度，力争用10年左右时间，使装配式建筑占新建建筑的比例达到30%。积极稳妥推广钢结构建筑。在具备条件的地方，倡导发展现代木结构建筑。

五、推进节能城市建设

（十二）推广建筑节能技术。提高建筑节能标准，推广绿色建筑和建材。支持和鼓励各地结合自然气候特点，推广应用地源热泵、水源热泵、太阳能发电等新能源技术，发展被动式房屋等绿色节能建筑。完善绿色节能建筑和建材评价体系，制定分布式能源建筑应用标准。分类制定建筑全生命周期能源消耗标准定额。

（十三）实施城市节能工程。在试点示范的基础上，加大工作力度，全面推进区域热电联产、政府机构节能、绿色照明等节能工程。明确供热采暖系统安全、节能、环保、卫生等技术要求，健全服务质量标准和评估监督办法。进一步加强对城市集中供热系统的技术改造和运行管理，提高热能利用效率。大力推行采暖地区住宅供热分户计量，新建住宅必须全部实现供热分户计量，既有住宅要逐步实施供热分户计量改造。

六、完善城市公共服务

（十四）大力推进棚改安居。深化城镇住房制度改革，以政府为主保障困难群体基本住房需求，以市场为主满足居民多层次住房需求。大力推进城镇棚户区改造，稳步实施城中村改造，有序推进老旧住宅小区综合整治、危房和非成套住房改造，加快配套基础设施建设，切实解决群众住房困难。打好棚户区改造三年攻坚战，到2020年，基本完成现有的城镇棚户区、城中村和危房改造。完善土地、财政和金融政策，落实税收政策。创新棚户区改造体制机制，推动政府购买棚改服务，推广政府与社会资本合作模式，构建多元化棚改实施主体，发挥开发性金融支持作用。积极推行棚户区改造货币化安置。因地制宜确定住房保障标准，健全准入退出机制。

（十五）建设地下综合管廊。认真总结推广试点城市经验，逐步推开城市地下综合管廊建设，统筹各类管线敷设，综合利用地下空间资源，提高城市综合承载能力。城市新区、各类园区、成片开发区域新建道路必须同步建设地下综合管廊，老城区要结合地铁建设、河道治理、道路整治、旧城更新、棚户区改造等，逐步推进地下综合管廊建设。加快制定地下综合管廊建设标准和技术导则。凡建有地下综合管廊的区域，各类管线必须全部入廊，管廊以外区域不得新建管线。管廊实行有偿使用，建立合理的收费机制。鼓励社会资本投资和运营地下综合管廊。各城市要综合考虑城市发展远景，按照先规划、后建设的原则，编制地下综合管廊建设专项规划，在年度建设计划中优先安排，并预留和控制地下空间。完善管理制度，确保管廊正常运行。

（十六）优化街区路网结构。加强街区的规划和建设，分梯级明确新建街区面积，推动发展开放便捷、尺度适宜、配套完善、邻里和谐的生活街区。新建住宅要推广街区制，原则上不再建设封闭住宅小区。已建成的住宅小区和单位大院要逐步打开，实现内部道路公共化，解决交通路网布局问题，促进土地节约利用。树立“窄马路、密路网”的城市道路布局理念，建设快速路、主次干路和支路级配合理的道路网系统。打通各类“断头路”，形成完整路网，提高道路通达性。科学、规范设置道路交通安全设施和交通管理设施，提高道路安全性。到 2020 年，城市建成区平均路网密度提高到 8 公里 / 平方公里，道路面积率达到 15%。积极采用单行道路方式组织交通。加强自行车道和步行道系统建设，倡导绿色出行。合理配置停车设施，鼓励社会参与，放宽市场准入，逐步缓解停车难问题。

（十七）优先发展公共交通。以提高公共交通分担率为突破口，缓解城市交通压力。统筹公共汽车、轻轨、地铁等多种类型公共交通协调发展，到 2020 年，超大、特大城市公共交通分担率达到 40% 以上，大城市达到 30% 以上，中小城市达到 20% 以上。加强城市综合交通枢纽建设，促进不同运输方式和城市内外交通之间的顺畅衔接、便捷换乘。扩大公共交通专用道的覆盖范围。实现中心城区公交站点 500 米内全覆盖。引入市场竞争机制，改革公交公司管理体制，鼓励社会资本参与公共交通设施建设和运营，增强公共交通运力。

（十八）健全公共服务设施。坚持共享发展理念，使人民群众在共建共享中有更多获得感。合理确定公共服务设施建设标准，加强社区服务场所建设，形成以社区级设施为基础，市、区级设施衔接配套的公共服务设施网络体系。配套建设中小学、幼儿园、超市、菜市场，以及社区养老、医疗卫生、文化服务等设施，大力推进无障碍设施建设，打造方便快捷生活圈。继续推动公共图书馆、美术馆、文化馆（站）、博物馆、科技馆免费向全社会开放。推动社区内公共设施向居民开放。合理规划建设广场、公园、步行道等公共活动空间，方便居民文体活动，促进居民交流。强化绿地服务居民日常活动的功能，使市民在居家附近能够见到绿地、亲近绿地。城市公园原则上要免费向居民开放。限期清理腾退违规占用的公共空间。顺应新型城镇化的要求，稳步推进城镇基本公共服务常住人口全覆盖，稳定就业和生活的农业转移人口在住房、教育、文化、医疗卫生、计划生育和证照办理服务等方面，与城镇居民有同等权利和义务。

（十九）切实保障城市安全。加强市政基础设施建设，实施地下管网改造工程。提高城市排涝系统建设标准，加快实施改造。提高城市综合防灾和安全设施建设配置标准，加大建设投入力度，加强设施运行管理。建立城市备用饮用水水源地，确保饮水安全。健全城市抗震、防洪、排涝、消防、交通、应对地质灾害应急指挥体系，完善城市生命通道系统，加强城市防灾避难场所建设，增强抵御自然灾害、处置突发事件和危机管理能力。加强城市安全监管，建立专业化、职业化的应急救援队伍，提升社会治安综合治理水平，形成全天候、系统性、现代化的城市安全保障体系。

七、营造城市宜居环境

（二十）推进海绵城市建设。充分利用自然山体、河湖湿地、耕地、林地、草地等生态空间，建设海绵城市，提升水源涵养能力，缓解雨洪内涝压力，促进水资源循环利用。鼓励单位、社区和居民家庭安装雨水收集装置。大幅度减少城市硬覆盖地面，推广透水建材铺装，大力建设雨水花园、储水池塘、湿地公园、下沉式绿地等雨水滞留设施，让雨水自然积存、自然渗透、自然净化，不断提高城市雨水就地蓄积、渗透比例。

（二十一）恢复城市自然生态。制定并实施生态修复工作方案，有计划有步骤地修复被破坏的山体、河流、湿地、植被，积极推进采矿废弃地修复和再利用，治理污染土地，恢复城市自然生态。优化城市绿地布局，构建绿道系统，实现城市内外绿地连接贯通，将生态要素引入市区。建设森林城市。推行生态绿化方式，保护古树名木资源，广植当地树种，减少人工干预，让乔灌草合理搭配、自然生长。鼓励发展屋顶绿化、立体绿化。进一步提高城市人均公园绿地面积和城市建成区绿地率，改变城市建设中过分追求高强度开发、高密度建设、大面积硬化的状况，让城市更自然、更生态、更有特色。

（二十二）推进污水大气治理。强化城市污水治理，加快城市污水处理设施建设与改造，全面加强配套管网建设，提高城市污水收集处理能力。整治城市黑臭水体，强化城中村、老旧城区和城乡结合部污水截流、收集，抓紧治理城区污水横流、河湖水系污染严重的现象。到 2020 年，地级以上城市建成区力争实现污水全收集、全处理，缺水城市再生水利用率达到 20% 以上。以中水洁厕为突破口，不断提高污水利用率。新建住房和单体建筑面积超过一定规模的新建公共建筑应当安装中水设施，老旧住房也应当逐步实施中水利用改造。培育以经营中水业务为主的水务公司，合理形成中水回用价格，鼓励按市场化方式经营中水。城市工业生产、道路清扫、车辆冲洗、绿化浇灌、生态景观等生产和生态用水要优先使用中水。全面推进大气污染防治工作。加大城市工业源、面源、移动源污染综合治理力度，着力减少多污染物排放。加快调整城市能源结构，增加清洁能源供应。深化京津冀、长三角、珠三角等区域大气污染联防联控，健全重污染天气监测预警体系。提高环境监管能力，加大执法力度，严厉打击各类环境违法行为。倡导文明、节约、绿色的消费方式和生活习惯，动员全社会参与改善环境质量。

（二十三）加强垃圾综合治理。树立垃圾是重要资源和矿产的观念，建立政府、社区、企业和居民协调机制，通过分类投放收集、综合循环利用，促进垃圾减量化、资源化、无害化。到2020年，力争将垃圾回收利用率提高到35%以上。强化城市保洁工作，加强垃圾处理设施建设，统筹城乡垃圾处理处置，大力解决垃圾围城问题。推进垃圾收运处理企业化、市场化，促进垃圾清运体系与再生资源回收体系对接。通过限制过度包装，减少一次性制品使用，推行净菜入城等措施，从源头上减少垃圾产生。利用新技术、新设备，推广厨余垃圾家庭粉碎处理。完善激励机制和政策，力争用5年左右时间，基本建立餐厨废弃物和建筑垃圾回收和再生利用体系。

八、创新城市治理方式

（二十四）推进依法治理城市。适应城市规划建设管理新形势和新要求，加强重点领域法律法规的立改废释，形成覆盖城市规划建设管理全过程的法律法规制度。严格执行城市规划建设管理行政决策法定程序，坚决遏制领导干部随意干预城市规划设计和工程建设的现象。研究推动城乡规划法与刑法衔接，严厉惩处规划建设管理违法行为，强化法律责任追究，提高违法违规成本。

（二十五）改革城市管理体制。明确中央和省级政府城市管理主管部门，确定管理范围、权力清单和责任主体，理顺各部门职责分工。推进市县两级政府规划建设管理机构改革，推行跨部门综合执法。在设区的市推行市或区一级执法，推动执法重心下移和执法事项属地化管理。加强城市管理执法机构和队伍建设，提高管理、执法和服务水平。

（二十六）完善城市治理机制。落实市、区、街道、社区的管理服务责任，健全城市基层治理机制。进一步强化街道、社区党组织的领导核心作用，以社区服务型党组织建设带动社区居民自治组织、社区社会组织建设。增强社区服务功能，实现政府治理和社会调节、居民自治良性互动。加强信息公开，推进城市治理阳光运行，开展世界城市日、世界住房日等主题宣传活动。

（二十七）推进城市智慧管理。加强城市管理和服务体系智能化建设，促进大数据、物联网、云计算等现代信息技术与城市管理服务融合，提升城市治理和服务水平。加强市政设施运行管理、交通管理、环境管理、应急管理等城市管理数字化平台建设和功能整合，建设综合性城市管理数据库。推进城市宽带信息基础设施建设，强化网络安全保障。积极发展民生服务智慧应用。到 2020 年，建成一批特色鲜明的智慧城市。通过智慧城市建设和其他一系列城市规划建设管理措施，不断提高城市运行效率。

（二十八）提高市民文明素质。以加强和改进城市规划建设管理来满足人民群众日益增长的物质文化需要，以提升市民文明素质推动城市治理水平的不断提高。大力开展社会主义核心价值观学习教育实践，促进市民形成良好的道德素养和社会风尚，提高企业、社会组织和市民参与城市治理的意识和能力。从青少年抓起，完善学校、家庭、社会三结合的教育网络，将良好校风、优良家风和社会新风有机融合。建立完善市民行为规范，增强市民法治意识。

九、切实加强组织领导

（二十九）加强组织协调。中央和国家机关有关部门要加大对城市规划建设管理工作的指导、协调和支持力度，建立城市工作协调机制，定期研究相关工作。定期召开中央城市工作会议，研究解决城市发展中的重大问题。中央组织部、住房和城乡建设部要定期组织新任市委书记、市长培训，不断提高城市主要领导规划建设管理的能力和水平。

（三十）落实工作责任。省级党委和政府要围绕中央提出的总目标，确定本地区城市发展的目标和任务，集中力量突破重点难点问题。城市党委和政府要制定具体目标和工作方案，明确实施步骤和保障措施，加强对城市规划建设管理工作的领导，落实工作经费。实施城市规划建设管理工作监督考核制度，确定考核指标体系，定期通报考核结果，并作为城市党政领导班子和领导干部综合考核评价的重要参考。

各地区各部门要认真贯彻落实本意见精神，明确责任分工和时间要求，确保各项政策措施落到实处。各地区各部门贯彻落实情况要及时向党中央、国务院报告。中央将就贯彻落实情况适时组织开展监督检查。

新华社 2016 年 2 月 21 日电

中共中央关于全面深化改革若干重大问题的决定

（2013 年 11 月 12 日中国共产党第十八届中央委员会第三次全体会议通过）

为贯彻落实党的十八大关于全面深化改革的战略部署，十八届中央委员会第三次全体会议研究了全面深化改革的若干重大问题，作出如下决定。

一、全面深化改革的重大意义和指导思想

（1）改革开放是党在新的时代条件下带领全国各族人民进行的新的伟大革命，是当代中国最鲜明的特色。党的十一届三中全会召开三十五年来，我们党以巨大的政治勇气，锐意推进经济体制、政治体制、文化体制、社会体制、生态文明体制和党的建设制度改革，不断扩大开放，决心之大、变革之深、影响之广前所未有，成就举世瞩目。

改革开放最主要的成果是开创和发展了中国特色社会主义，为社会主义现代化建设提供了强大动力和有力保障。事实证明，改革开放是决定当代中国命运的关键抉择，是党和人民事业大踏步赶上时代的重要法宝。

实践发展永无止境，解放思想永无止境，改革开放永无止境。面对新形势新任务，全面建成小康社会，进而建成富强民主文明和谐的社会主义现代化国家、实现中华民族伟大复兴的中国梦，必须在新的历史起点上全面深化改革，不断增强中国特色社会主义道路自信、理论自信、制度自信。

（2）全面深化改革，必须高举中国特色社会主义伟大旗帜，以马克思列宁主义、毛泽东思想、邓小平理论、“三个代表”重要思想、科学发展观为指导，坚定信心，凝聚共识，统筹谋划，协同推进，坚持社会主义市场经济改革方向，以促进社会公平正义、增进人民福祉

为出发点和落脚点，进一步解放思想、解放和发展社会生产力、解放和增强社会活力，坚决破除各方面体制机制弊端，努力开拓中国特色社会主义事业更加广阔的前景。

全面深化改革的总目标是完善和发展中国特色社会主义制度，推进国家治理体系和治理能力现代化。必须更加注重改革的系统性、整体性、协同性，加快发展社会主义市场经济、民主政治、先进文化、和谐社会、生态文明，让一切劳动、知识、技术、管理、资本的活力竞相迸发，让一切创造社会财富的源泉充分涌流，让发展成果更多更公平惠及全体人民。

紧紧围绕使市场在资源配置中起决定性作用深化经济体制改革，坚持和完善基本经济制度，加快完善现代市场体系、宏观调控体系、开放型经济体系，加快转变经济发展方式，加快建设创新型国家，推动经济更有效率、更加公平、更可持续发展。

紧紧围绕坚持党的领导、人民当家作主、依法治国有机统一深化政治体制改革，加快推进社会主义民主政治制度化、规范化、程序化，建设社会主义法治国家，发展更加广泛、更加充分、更加健全的人民民主。

紧紧围绕建设社会主义核心价值体系、社会主义文化强国深化文化体制改革，加快完善文化管理体制和文化生产经营机制，建立健全现代公共文化服务体系、现代文化市场体系，推动社会主义文化大发展大繁荣。

紧紧围绕更好保障和改善民生、促进社会公平正义深化社会体制改革，改革收入分配制度，促进共同富裕，推进社会领域制度创新，推进基本公共服务均等化，加快形成科学有效的社会治理体制，确保社会既充满活力又和谐有序。

紧紧围绕建设美丽中国深化生态文明体制改革，加快建立生态文明制度，健全国土空间开发、资源节约利用、生态环境保护的体制机制，推动形成人与自然和谐发展现代化建设新格局。

紧紧围绕提高科学执政、民主执政、依法执政水平深化党的建设制度改革，加强民主集中制建设，完善党的领导体制和执政方式，保持党的先进性和纯洁性，为改革开放和社会主义现代化建设提供坚强政治保证。

（3）全面深化改革，必须立足于我国长期处于社会主义初级阶段这个最大实际，坚持发展仍是解决我国所有问题的关键这个重大战略判断，以经济建设为中心，发挥经济体制改革牵引作用，推动生产关系同生产力、上层建筑同经济基础相适应，推动经济社会持续健康发展。

经济体制改革是全面深化改革的重点，核心问题是处理好政府和市场的关系，使市场在资源配置中起决定性作用和更好发挥政府作用。市场决定资源配置是市场经济的一般规律，健全社会主义市场经济体制必须遵循这条规律，着力解决市场体系不完善、政府干预过多和监管不到位问题。

必须积极稳妥从广度和深度上推进市场化改革，大幅度减少政府对资源的直接配置，推动资源配置依据市场规则、市场价格、市场竞争实现效益最大化和效率最优化。政府的职责和作用主要是保持宏观经济稳定，加强和优化公共服务，保障公平竞争，加强市场监管，维护市场秩序，推动可持续发展，促进共同富裕，弥补市场失灵。

（4）改革开放的成功实践为全面深化改革提供了重要经验，必须长期坚持。最重要的是，坚持党的领导，贯彻党的基本路线，不走封闭僵化的老路，不走改旗易帜的邪路，坚定走中国特色社会主义道路，始终确保改革正确方向；坚持解放思想、实事求是、与时俱进、求真务实，一切从实际出发，总结国内成功做法，借鉴国外有益经验，勇于推进理论和实践创新；坚持以人为本，尊重人民主体地位，发挥群众首创精神，紧紧依靠人民推动改革，促进人的全面发展；坚持正确处理改革发展稳定关系，胆子要大、步子要稳，加强顶层设计和摸着石头过河相结合，整体推进和重点突破相促进，提高改革决策科学性，广泛凝聚共识，形成改革合力。

当前，我国发展进入新阶段，改革进入攻坚期和深水区。必须以强烈的历史使命感，最大限度集中全党全社会智慧，最大限度调动一切积极因素，敢于啃硬骨头，敢于涉险滩，以更大决心冲破思想观念的束缚、突破利益固化的藩篱，推动中国特色社会主义制度自我完善和发展。

到二〇二〇年，在重要领域和关键环节改革上取得决定性成果，完成本决定提出的改革任务，形成系统完备、科学规范、运行有效的制度体系，使各方面制度更加成熟更加定型。

二、坚持和完善基本经济制度

公有制为主体、多种所有制经济共同发展的基本经济制度，是中国特色社会主义制度的重要支柱，也是社会主义市场经济体制的根基。公有制经济和非公有制经济都是社会主义市场经济的重要组成部分，都是我国经济社会发展的重要基础。必须毫不动摇巩固和发展公有制经济，坚持公有制主体地位，发挥国有经济主导作用，不断增强国有经济活力、控制力、影响力。必须毫不动摇鼓励、支持、引导非公有制经济发展，激发非公有制经济活力和创造力。

（5）完善产权保护制度。产权是所有制的核心。健全归属清晰、权责明确、保护严格、流转顺畅的现代产权制度。公有制经济财产权不可侵犯，非公有制经济财产权同样不可侵犯。

国家保护各种所有制经济产权和合法利益，保证各种所有制经济依法平等使用生产要素、公开公平公正参与市场竞争、同等受到法律保护，依法监管各种所有制经济。

（6）积极发展混合所有制经济。国有资本、集体资本、非公有资本等交叉持股、相互融合的混合所有制经济，是基本经济制度的重要实现形式，有利于国有资本放大功能、保值增值、提高竞争力，有利于各种所有制资本取长补短、相互促进、共同发展。允许更多国有经济和其他所有制经济发展成为混合所有制经济。国有资本投资项目允许非国有资本参股。允许混合所有制经济实行企业员工持股，形成资本所有者和劳动者利益共同体。

完善国有资产管理体制，以管资本为主加强国有资产监管，改革国有资本授权经营体制，组建若干国有资本运营公司，支持有条件的国有企业改组为国有资本投资公司。国有资本投资运营要服务于国家战略目标，更多投向关系国家安全、国民经济命脉的重要行业和关键领域，重点提供公共服务、发展重要前瞻性战略性产业、保护生态环境、支持科技进步、保障国家安全。

划转部分国有资本充实社会保障基金。完善国有资本经营预算制度，提高国有资本收益上缴公共财政比例，二〇二〇年提到百分之三十，更多用于保障和改善民生。

（7）推动国有企业完善现代企业制度。国有企业属于全民所有，是推进国家现代化、保障人民共同利益的重要力量。国有企业总体上已经同市场经济相融合，必须适应市场化、国际化新形势，以规范经营决策、资产保值增值、公平参与竞争、提高企业效率、增强企业活力、承担社会责任为重点，进一步深化国有企业改革。

准确界定不同国有企业功能。国有资本加大对公益性企业的投入，在提供公共服务方面作出更大贡献。国有资本继续控股经营的自然垄断行业，实行以政企分开、政资分开、特许经营、政府监管为主要内容的改革，根据不同行业特点实行网运分开、放开竞争性业务，推进公共资源配置市场化。进一步破除各种形式的行政垄断。

健全协调运转、有效制衡的公司法人治理结构。建立职业经理人制度，更好发挥企业家作用。深化企业内部管理人员能上能下、员工能进能出、收入能增能减的制度改革。建立长效激励约束机制，强化国有企业经营投资责任追究。探索推进国有企业财务预算等重大信息公开。

国有企业要合理增加市场化选聘比例，合理确定并严格规范国有企业管理人员薪酬水平、职务待遇、职务消费、业务消费。

（8）支持非公有制经济健康发展。非公有制经济在支撑增长、促进创新、扩大就业、增加税收等方面具有重要作用。坚持权利平等、机会平等、规则平等，废除对非公有制经济各种形式的不合理规定，消除各种隐性壁垒，制定非公有制企业进入特许经营领域具体办法。

鼓励非公有制企业参与国有企业改革，鼓励发展非公有资本控股的混合所有制企业，鼓励有条件的私营企业建立现代企业制度。

三、加快完善现代市场体系

建设统一开放、竞争有序的市场体系，是使市场在资源配置中起决定性作用的基础。必须加快形成企业自主经营、公平竞争，消费者自由选择、自主消费，商品和要素自由流动、平等交换的现代市场体系，着力清除市场壁垒，提高资源配置效率和公平性。

（9）建立公平开放透明的市场规则。实行统一的市场准入制度，在制定负面清单基础上，各类市场主体可依法平等进入清单之外领域。探索对外商投资实行准入前国民待遇加负面清单的管理模式。推进工商注册制度便利化，削减资质认定项目，由先证后照改为先照后证，把注册资本实缴登记制逐步改为认缴登记制。推进国内贸易流通体制改革，建设法治化营商环境。

改革市场监管体系，实行统一的市场监管，清理和废除妨碍全国统一市场和公平竞争的各种规定和做法，严禁和惩处各类违法实行优惠政策行为，反对地方保护，反对垄断和不正当竞争。建立健全社会征信体系，褒扬诚信，惩戒失信。健全优胜劣汰市场化退出机制，完善企业破产制度。

（10）完善主要由市场决定价格的机制。凡是能由市场形成价格的都交给市场，政府不进行不当干预。推进水、石油、天然气、电力、交通、电信等领域价格改革，放开竞争性环节价格。政府定价范围主要限定在重要公用事业、公益性服务、网络型自然垄断环节，提高透明度，接受社会监督。完善农产品价格形成机制，注重发挥市场形成价格作用。

（11）建立城乡统一的建设用地市场。在符合规划和用途管制前提下，允许农村集体经营性建设用地出让、租赁、入股，实行与国有土地同等入市、同权同价。缩小征地范围，规范征地程序，完善对被征地农民合理、规范、多元保障机制。扩大国有土地有偿使用范围，减少非公益性用地划拨。建立兼顾国家、集体、个人的土地增值收益分配机制，合理提高个人收益。完善土地租赁、转让、抵押二级市场。

（12）完善金融市场体系。扩大金融业对内对外开放，在加强监管前提下，允许具备条件的民间资本依法发起设立中小型银行等金融机构。推进政策性金融机构改革。健全多层次资本市场体系，推进股票发行注册制改革，多渠道推动股权融资，发展并规范债券市场，提高直接融资比重。完善保险经济补偿机制，建立巨灾保险制度。发展普惠金融。鼓励金融创新，丰富金融市场层次和产品。

完善人民币汇率市场化形成机制，加快推进利率市场化，健全反映市场供求关系的国债收益率曲线。推动资本市场双向开放，有序提高跨境资本和金融交易可兑换程度，建立健全宏观审慎管理框架下的外债和资本流动管理体系，加快实现人民币资本项目可兑换。

落实金融监管改革措施和稳健标准，完善监管协调机制，界定中央和地方金融监管职责和风险处置责任。建立存款保险制度，完善金融机构市场化退出机制。加强金融基础设施建设，保障金融市场安全高效运行和整体稳定。

（13）深化科技体制改革。建立健全鼓励原始创新、集成创新、引进消化吸收再创新的体制机制，健全技术创新市场导向机制，发挥市场对技术研发方向、路线选择、要素价格、各类创新要素配置的导向作用。建立产学研协同创新机制，强化企业在技术创新中的主体地位，发挥大型企业创新骨干作用，激发中小企业创新活力，推进应用型技术研发机构市场化、企业化改革，建设国家创新体系。

加强知识产权运用和保护，健全技术创新激励机制，探索建立知识产权法院。打破行政主导和部门分割，建立主要由市场决定技术创新项目和经费分配、评价成果的机制。发展技术市场，健全技术转移机制，改善科技型中小企业融资条件，完善风险投资机制，创新商业模式，促进科技成果资本化、产业化。

整合科技规划和资源，完善政府对基础性、战略性、前沿性科学研究和共性技术研究的支持机制。国家重大科研基础设施依照规定应该开放的一律对社会开放。建立创新调查制度和创新报告制度，构建公开透明的国家科研资源管理和项目评价机制。

改革院士遴选和管理体制，优化学科布局，提高中青年人才比例，实行院士退休和退出制度。

四、加快转变政府职能

科学的宏观调控，有效的政府治理，是发挥社会主义市场经济体制优势的内在要求。必须切实转变政府职能，深化行政体制改革，创新行政管理方式，增强政府公信力和执行力，建设法治政府和服务型政府。

（14）健全宏观调控体系。宏观调控的主要任务是保持经济总量平衡，促进重大经济结构协调和生产力布局优化，减缓经济周期波动影响，防范区域性、系统性风险，稳定市场预期，实现经济持续健康发展。健全以国家发展战略和规划为导向、以财政政策和货币政策为主要手段的宏观调控体系，推进宏观调控目标制定和政策手段运用机制化，加强财政政策、货币政策与产业、价格等政策手段协调配合，提高相机抉择水平，增强宏观调控前瞻性、针对性、协同性。形成参与国际宏观经济政策协调的机制，推动国际经济治理结构完善。

深化投资体制改革，确立企业投资主体地位。企业投资项目，除关系国家安全和生态安全、涉及全国重大生产力布局、战略性资源开发和重大公共利益等项目外，一律由企业依法依规自主决策，政府不再审批。强化节能节地节水、环境、技术、安全等市场准入标准，建立健全防范和化解产能过剩长效机制。

完善发展成果考核评价体系，纠正单纯以经济增长速度评定政绩的偏向，加大资源消耗、环境损害、生态效益、产能过剩、科技创新、安全生产、新增债务等指标的权重，更加重视劳动就业、居民收入、社会保障、人民健康状况。加快建立国家统一的经济核算制度，编制全国和地方资产负债表，建立全社会房产、信用等基础数据统一平台，推进部门信息共享。

（15）全面正确履行政府职能。进一步简政放权，深化行政审批制度改革，最大限度减少中央政府对微观事务的管理，市场机制能有效调节的经济活动，一律取消审批，对保留的行政审批事项要规范管理、提高效率；直接面向基层、量大面广、由地方管理更方便有效的经济社会事项，一律下放地方和基层管理。

政府要加强发展战略、规划、政策、标准等制定和实施，加强市场活动监管，加强各类公共服务提供。加强中央政府宏观调控职责和能力，加强地方政府公共服务、市场监管、社会管理、环境保护等职责。

推广政府购买服务，凡属事务性管理服务，原则上都要引入竞争机制，通过合同、委托等方式向社会购买。

加快事业单位分类改革，加大政府购买公共服务力度，推动公办事业单位与主管部门理顺关系和去行政化，创造条件，逐步取消学校、科研院所、医院等单位的行政级别。建立事业单位法人治理结构，推进有条件的事业单位转为企业或社会组织。建立各类事业单位统一登记管理制度。

（16）优化政府组织结构。转变政府职能必须深化机构改革。优化政府机构设置、职能配置、工作流程，完善决策权、执行权、监督权既相互制约又相互协调的行政运行机制。严格绩效管理，突出责任落实，确保权责一致。

统筹党政群机构改革，理顺部门职责关系。积极稳妥实施大部门制。优化行政区划设置，有条件的地方探索推进省直接管理县（市）体制改革。严格控制机构编制，严格按规定职数配备领导干部，减少机构数量和领导职数，严格控制财政供养人员总量。推进机构编制管理科学化、规范化、法制化。

五、深化财税体制改革

财政是国家治理的基础和重要支柱，科学的财税体制是优化资源配置、维护市场统一、促进社会公平、实现国家长治久安的制度保障。必须完善立法、明确事权、改革税制、稳定税负、透明预算、提高效率，建立现代财政制度，发挥中央和地方两个积极性。

（17）改进预算管理制度。实施全面规范、公开透明的预算制度。审核预算的重点由平衡状态、赤字规模向支出预算和政策拓展。清理规范重点支出同财政收支增幅或生产总值挂钩事项，一般不采取挂钩方式。建立跨年度预算平衡机制，建立权责发生制的政府综合财务报告制度，建立规范合理的中央和地方政府债务管理及风险预警机制。

完善一般性转移支付增长机制，重点增加对革命老区、民族地区、边疆地区、贫困地区的转移支付。中央出台增支政策形成的地方财力缺口，原则上通过一般性转移支付调节。清理、整合、规范专项转移支付项目，逐步取消竞争性领域专项和地方资金配套，严格控制引导类、救济类、应急类专项，对保留专项进行甄别，属地方事务的划入一般性转移支付。

（18）完善税收制度。深化税收制度改革，完善地方税体系，逐步提高直接税比重。推进增值税改革，适当简化税率。调整消费税征收范围、环节、税率，把高耗能、高污染产品及部分高档消费品纳入征收范围。逐步建立综合与分类相结合的个人所得税制。加快房地产税立法并适时推进改革，加快资源税改革，推动环境保护费改税。

按照统一税制、公平税负、促进公平竞争的原则，加强对税收优惠特别是区域税收优惠政策的规范管理。税收优惠政策统一由专门税收法律法规规定，清理规范税收优惠政策。完善国税、地税征管体制。

（19）建立事权和支出责任相适应的制度。适度加强中央事权和支出责任，国防、外交、国家安全、关系全国统一市场规则和管理等作为中央事权；部分社会保障、跨区域重大项目建设维护等作为中央和地方共同事权，逐步理顺事权关系；区域性公共服务作为地方事权。中央和地方按照事权划分相应承担和分担支出责任。中央可通过安排转移支付将部分事权支出责任委托地方承担。对于跨区域且对其他地区影响较大的公共服务，中央通过转移支付承担一部分地方事权支出责任。

保持现有中央和地方财力格局总体稳定，结合税制改革，考虑税种属性，进一步理顺中央和地方收入划分。

六、健全城乡发展一体化体制机制

城乡二元结构是制约城乡发展一体化的主要障碍。必须健全体制机制，形成以工促农、以城带乡、工农互惠、城乡一体的新型工农城乡关系，让广大农民平等参与现代化进程、共同分享现代化成果。

（20）加快构建新型农业经营体系。坚持家庭经营在农业中的基础性地位，推进家庭经营、集体经营、合作经营、企业经营等共同发展的农业经营方式创新。坚持农村土地集体所有权，依法维护农民土地承包经营权，发展壮大集体经济。稳定农村土地承包关系并保持长久不变，在坚持和完善最严格的耕地保护制度前提下，赋予农民对承包地占有、使用、收益、流转及承包经营权抵押、担保权能，允许农民以承包经营权入股发展农业产业化经营。鼓励承包经营权在公开市场上向专业大户、家庭农场、农民合作社、农业企业流转，发展多种形式规模经营。

鼓励农村发展合作经济，扶持发展规模化、专业化、现代化经营，允许财政项目资金直接投向符合条件的合作社，允许财政补助形成的资产转交合作社持有和管护，允许合作社开展信用合作。鼓励和引导工商资本到农村发展适合企业化经营的现代种养业，向农业输入现代生产要素和经营模式。

（21）赋予农民更多财产权利。保障农民集体经济组织成员权利，积极发展农民股份合作，赋予农民对集体资产股份占有、收益、有偿退出及抵押、担保、继承权。保障农户宅基地用益物权，改革完善农村宅基地制度，选择若干试点，慎重稳妥推进农民住房财产权抵押、担保、转让，探索农民增加财产性收入渠道。建立农村产权流转交易市场，推动农村产权流转交易公开、公正、规范运行。

（22）推进城乡要素平等交换和公共资源均衡配置。维护农民生产要素权益，保障农民工同工同酬，保障农民公平分享土地增值收益，保障金融机构农村存款主要用于农业农村。健全农业支持保护体系，改革农业补贴制度，完善粮食主产区利益补偿机制。完善农业保险制度。鼓励社会资本投向农村建设，允许企业和社会组织在农村兴办各类事业。统筹城乡基础设施建设和社区建设，推进城乡基本公共服务均等化。

（23）完善城镇化健康发展体制机制。坚持走中国特色新型城镇化道路，推进以人为核心的城镇化，推动大中小城市和小城镇协调发展、产业和城镇融合发展，促进城镇化和新农村建设协调推进。优化城市空间结构和管理格局，增强城市综合承载能力。

推进城市建设管理创新。建立透明规范的城市建设投融资机制，允许地方政府通过发债等多种方式拓宽城市建设融资渠道，允许社会资本通过特许经营等方式参与城市基础设施投资和运营，研究建立城市基础设施、住宅政策性金融机构。完善设市标准，严格审批程序，对具备行政区划调整条件的县可有序改市。对吸纳人口多、经济实力强的镇，可赋予同人口和经济规模相适应的管理权。建立和完善跨区域城市发展协调机制。

推进农业转移人口市民化，逐步把符合条件的农业转移人口转为城镇居民。创新人口管理，加快户籍制度改革，全面放开建制镇和小城市落户限制，有序放开中等城市落户限制，合理确定大城市落户条件，严格控制特大城市人口规模。稳步推进城镇基本公共服务常住人口全覆盖，把进城落户农民完全纳入城镇住房和社会保障体系，在农村参加的养老保险和医疗保险规范接入城镇社保体系。建立财政转移支付同农业转移人口市民化挂钩机制，从严合理供给城市建设用地，提高城市土地利用率。

七、构建开放型经济新体制

适应经济全球化新形势，必须推动对内对外开放相互促进、引进来和走出去更好结合，促进国际国内要素有序自由流动、资源高效配置、市场深度融合，加快培育参与和引领国际经济合作竞争新优势，以开放促改革。

（24）放宽投资准入。统一内外资法律法规，保持外资政策稳定、透明、可预期。推进金融、教育、文化、医疗等服务业领域有序开放，放开育幼养老、建筑设计、会计审计、商贸物流、电子商务等服务业领域外资准入限制，进一步放开一般制造业。加快海关特殊监管区域整合优化。

建立中国上海自由贸易试验区是党中央在新形势下推进改革开放的重大举措，要切实建设好、管理好，为全面深化改革和扩大开放探索新途径、积累新经验。在推进现有试点基础上，选择若干具备条件地方发展自由贸易园（港）区。

扩大企业及个人对外投资，确立企业及个人对外投资主体地位，允许发挥自身优势到境外开展投资合作，允许自担风险到各国各地区自由承揽工程和劳务合作项目，允许创新方式走出去开展绿地投资、并购投资、证券投资、联合投资等。

加快同有关国家和地区商签投资协定，改革涉外投资审批体制，完善领事保护体制，提供权益保障、投资促进、风险预警等更多服务，扩大投资合作空间。

（25）加快自由贸易区建设。坚持世界贸易体制规则，坚持双边、多边、区域次区域开放合作，扩大同各国各地区利益汇合点，以周边为基础加快实施自由贸易区战略。改革市场准入、海关监管、检验检疫等管理体制，加快环境保护、投资保护、政府采购、电子商务等新议题谈判，形成面向全球的高标准自由贸易区网络。

扩大对香港特别行政区、澳门特别行政区和台湾地区开放合作。

（26）扩大内陆沿边开放。抓住全球产业重新布局机遇，推动内陆贸易、投资、技术创新协调发展。创新加工贸易模式，形成有利于推动内陆产业集群发展的体制机制。支持内陆城市增开国际客货运航线，发展多式联运，形成横贯东中西、联结南北方对外经济走廊。推动内陆同沿海沿边通关协作，实现口岸管理相关部门信息互换、监管互认、执法互助。

加快沿边开放步伐，允许沿边重点口岸、边境城市、经济合作区在人员往来、加工物流、旅游等方面实行特殊方式和政策。建立开发性金融机构，加快同周边国家和区域基础设施互联互通建设，推进丝绸之路经济带、海上丝绸之路建设，形成全方位开放新格局。

八、加强社会主义民主政治制度建设

发展社会主义民主政治，必须以保证人民当家作主为根本，坚持和完善人民代表大会制度、中国共产党领导的多党合作和政治协商制度、民族区域自治制度以及基层群众自治制度，更加注重健全民主制度、丰富民主形式，从各层次各领域扩大公民有序政治参与，充分发挥我国社会主义政治制度优越性。

（27）推动人民代表大会制度与时俱进。坚持人民主体地位，推进人民代表大会制度理论和实践创新，发挥人民代表大会制度的根本政治制度作用。完善中国特色社会主义法律体系，健全立法起草、论证、协调、审议机制，提高立法质量，防止地方保护和部门利益法制化。健全“一府两院”由人大产生、对人大负责、受人大监督制度。健全人大讨论、决定重大事项制度，各级政府重大决策出台前向本级人大报告。加强人大预算决算审查监督、国有资产监督职能。落实税收法定原则。加强人大常委会同人大代表的联系，充分发挥代表作用。通过建立健全代表联络机构、网络平台等形式密切代表同人民群众联系。

完善人大工作机制，通过座谈、听证、评估、公布法律草案等扩大公民有序参与立法途径，通过询问、质询、特定问题调查、备案审查等积极回应社会关切。

（28）推进协商民主广泛多层制度化发展。协商民主是我国社会主义民主政治的特有形式和独特优势，是党的群众路线在政治领域的重要体现。在党的领导下，以经济社会发展重大问题和涉及群众切身利益的实际问题为内容，在全社会开展广泛协商，坚持协商于决策之前和决策实施之中。

构建程序合理、环节完整的协商民主体系，拓宽国家政权机关、政协组织、党派团体、基层组织、社会组织的协商渠道。深入开展立法协商、行政协商、民主协商、参政协商、社会协商。加强中国特色新型智库建设，建立健全决策咨询制度。

发挥统一战线在协商民主中的重要作用。完善中国共产党同各民主党派的政治协商，认真听取各民主党派和无党派人士意见。中共中央根据年度工作重点提出规划，采取协商会、谈心会、座谈会等进行协商。完善民主党派中央直接向中共中央提出建议制度。贯彻党的民族政策，保障少数民族合法权益，巩固和发展平等团结互助和谐的社会主义民族关系。

发挥人民政协作为协商民主重要渠道作用。重点推进政治协商、民主监督、参政议政制度化、规范化、程序化。各级党委和政府、政协制定并组织实施协商年度工作计划，就一些重要决策听取政协意见。完善人民政协制度体系，规范协商内容、协商程序。拓展协商民主形式，更加活跃有序地组织专题协商、对口协商、界别协商、提案办理协商，增加协商密度，提高协商成效。在政协健全委员联络机构，完善委员联络制度。

（29）发展基层民主。畅通民主渠道，健全基层选举、议事、公开、述职、问责等机制。开展形式多样的基层民主协商，推进基层协商制度化，建立健全居民、村民监督机制，促进群众在城乡社区治理、基层公共事务和公益事业中依法自我管理、自我服务、自我教育、自我监督。健全以职工代表大会为基本形式的企事业单位民主管理制度，加强社会组织民主机制建设，保障职工参与管理和监督的民主权利。

九、推进法治中国建设

建设法治中国，必须坚持依法治国、依法执政、依法行政共同推进，坚持法治国家、法治政府、法治社会一体建设。深化司法体制改革，加快建设公正高效权威的社会主义司法制度，维护人民权益，让人民群众在每一个司法案件中都感受到公平正义。

（30）维护宪法法律权威。宪法是保证党和国家兴旺发达、长治久安的根本法，具有最高权威。要进一步健全宪法实施监督机制和程序，把全面贯彻实施宪法提高到一个新水平。建立健全全社会忠于、遵守、维护、运用宪法法律的制度。坚持法律面前人人平等，任何组织或者个人都不得有超越宪法法律的特权，一切违反宪法法律的行为都必须予以追究。

普遍建立法律顾问制度。完善规范性文件、重大决策合法性审查机制。建立科学的法治建设指标体系和考核标准。健全法规、规章、规范性文件备案审查制度。健全社会普法教育机制，增强全民法治观念。逐步增加有地方立法权的较大的市数量。

（31）深化行政执法体制改革。整合执法主体，相对集中执法权，推进综合执法，着力解决权责交叉、多头执法问题，建立权责统一、权威高效的行政执法体制。减少行政执法层级，加强食品药品、安全生产、环境保护、劳动保障、海域海岛等重点领域基层执法力量。理顺城市管理执法体制，提高执法和服务水平。

完善行政执法程序，规范执法自由裁量权，加强对行政执法的监督，全面落实行政执法责任制和执法经费由财政保障制度，做到严格规范公正文明执法。完善行政执法与刑事司法衔接机制。

（32）确保依法独立公正行使审判权检察权。改革司法管理体制，推动省以下地方法院、检察院人财物统一管理，探索建立与行政区划适当分离的司法管辖制度，保证国家法律统一正确实施。

建立符合职业特点的司法人员管理制度，健全法官、检察官、人民警察统一招录、有序交流、逐级遴选机制，完善司法人员分类管理制度，健全法官、检察官、人民警察职业保障制度。

（33）健全司法权力运行机制。优化司法职权配置，健全司法权力分工负责、互相配合、互相制约机制，加强和规范对司法活动的法律监督和社会监督。

改革审判委员会制度，完善主审法官、合议庭办案责任制，让审理者裁判、由裁判者负责。明确各级法院职能定位，规范上下级法院审级监督关系。

推进审判公开、检务公开，录制并保留全程庭审资料。增强法律文书说理性，推动公开法院生效裁判文书。严格规范减刑、假释、保外就医程序，强化监督制度。广泛实行人民陪审员、人民监督员制度，拓宽人民群众有序参与司法渠道。

（34）完善人权司法保障制度。国家尊重和保障人权。进一步规范查封、扣押、冻结、处理涉案财物的司法程序。健全错案防止、纠正、责任追究机制，严禁刑讯逼供、体罚虐待，严格实行非法证据排除规则。逐步减少适用死刑罪名。

废止劳动教养制度，完善对违法犯罪行为的惩治和矫正法律，健全社区矫正制度。

健全国家司法救助制度，完善法律援助制度。完善律师执业权利保障机制和违法违规执业惩戒制度，加强职业道德建设，发挥律师在依法维护公民和法人合法权益方面的重要作用。

十、强化权力运行制约和监督体系

坚持用制度管权管事管人，让人民监督权力，让权力在阳光下运行，是把权力关进制度笼子的根本之策。必须构建决策科学、执行坚决、监督有力的权力运行体系，健全惩治和预防腐败体系，建设廉洁政治，努力实现干部清正、政府清廉、政治清明。

（35）形成科学有效的权力制约和协调机制。完善党和国家领导体制，坚持民主集中制，充分发挥党的领导核心作用。规范各级党政主要领导干部职责权限，科学配置党政部门及内设机构权力和职能，明确职责定位和工作任务。

加强和改进对主要领导干部行使权力的制约和监督，加强行政监察和审计监督。

推行地方各级政府及其工作部门权力清单制度，依法公开权力运行流程。完善党务、政务和各领域办事公开制度，推进决策公开、管理公开、服务公开、结果公开。

（36）加强反腐败体制机制创新和制度保障。加强党对党风廉政建设和反腐败工作统一领导。改革党的纪律检查体制，健全反腐败领导体制和工作机制，改革和完善各级反腐败协调小组职能。

落实党风廉政建设责任制，党委负主体责任，纪委负监督责任，制定实施切实可行的责任追究制度。各级纪委要履行协助党委加强党风建设和组织协调反腐败工作的职责，加强对同级党委特别是常委会成员的监督，更好发挥党内监督专门机关作用。

推动党的纪律检查工作双重领导体制具体化、程序化、制度化，强化上级纪委对下级纪委的领导。查办腐败案件以上级纪委领导为主，线索处置和案件查办在向同级党委报告的同时必须向上级纪委报告。各级纪委书记、副书记的提名和考察以上级纪委会同组织部门为主。

全面落实中央纪委向中央一级党和国家机关派驻纪检机构，实行统一名称、统一管理。派驻机构对派出机关负责，履行监督职责。改进中央和省区市巡视制度，做到对地方、部门、企事业单位全覆盖。

健全反腐倡廉法规制度体系，完善惩治和预防腐败、防控廉政风险、防止利益冲突、领导干部报告个人有关事项、任职回避等方面法律法规，推行新提任领导干部有关事项公开制度试点。健全民主监督、法律监督、舆论监督机制，运用和规范互联网监督。

（37）健全改进作风常态化制度。围绕反对形式主义、官僚主义、享乐主义和奢靡之风，加快体制机制改革和建设。健全领导干部带头改进作风、深入基层调查研究机制，完善直接联系和服务群众制度。

改革会议公文制度，从中央做起带头减少会议、文件，着力改进会风文风。健全严格的财务预算、核准和审计制度，着力控制“三公”经费支出和楼堂馆所建设。完善选人用人专项检查和责任追究制度，着力纠正跑官要官等不正之风。改革政绩考核机制，着力解决“形象工程”、“政绩工程”以及不作为、乱作为等问题。

规范并严格执行领导干部工作生活保障制度，不准多处占用住房和办公用房，不准超标准配备办公用房和生活用房，不准违规配备公车，不准违规配备秘书，不准超规格警卫，不准超标准进行公务接待，严肃查处违反规定超标准享受待遇等问题。探索实行官邸制。

完善并严格执行领导干部亲属经商、担任公职和社会组织职务、出国定居等相关制度规定，防止领导干部利用公共权力或自身影响为亲属和其他特定关系人谋取私利，坚决反对特权思想和作风。

十一、推进文化体制机制创新

建设社会主义文化强国，增强国家文化软实力，必须坚持社会主义先进文化前进方向，坚持中国特色社会主义文化发展道路，培育和践行社会主义核心价值观，巩固马克思主义在意识形态领域的指导地位，巩固全党全国各族人民团结奋斗的共同思想基础。坚持以人民为中心的工作导向，坚持把社会效益放在首位、社会效益和经济效益相统一，以激发全民族文化创造活力为中心环节，进一步深化文化体制改革。

（38）完善文化管理体制。按照政企分开、政事分开原则，推动政府部门由办文化向管文化转变，推动党政部门与其所属的文化企事业单位进一步理顺关系。建立党委和政府监管国有文化资产的管理机构，实行管人管事管资产管导向相统一。

健全坚持正确舆论导向的体制机制。健全基础管理、内容管理、行业管理以及网络违法犯罪防范和打击等工作联动机制，健全网络突发事件处置机制，形成正面引导和依法管理相结合的网络舆论工作格局。整合新闻媒体资源，推动传统媒体和新兴媒体融合发展。推动新闻发布制度化。严格新闻工作者职业资格制度，重视新型媒介运用和管理，规范传播秩序。

（39）建立健全现代文化市场体系。完善文化市场准入和退出机制，鼓励各类市场主体公平竞争、优胜劣汰，促进文化资源在全国范围内流动。继续推进国有经营性文化单位转企改制，加快公司制、股份制改造。对按规定转制的重要国有传媒企业探索实行特殊管理股制度。推动文化企业跨地区、跨行业、跨所有制兼并重组，提高文化产业规模化、集约化、专业化水平。

鼓励非公有制文化企业发展，降低社会资本进入门槛，允许参与对外出版、网络出版，允许以控股形式参与国有影视制作机构、文艺院团改制经营。支持各种形式小微文化企业发展。

在坚持出版权、播出权特许经营前提下，允许制作和出版、制作和播出分开。建立多层次文化产品和要素市场，鼓励金融资本、社会资本、文化资源相结合。完善文化经济政策，扩大政府文化资助和文化采购，加强版权保护。健全文化产品评价体系，改革评奖制度，推出更多文化精品。

（40）构建现代公共文化服务体系。建立公共文化服务体系建设协调机制，统筹服务设施网络建设，促进基本公共文化服务标准化、均等化。建立群众评价和反馈机制，推动文化惠民项目与群众文化需求有效对接。整合基层宣传文化、党员教育、科学普及、体育健身等设施，建设综合性文化服务中心。

明确不同文化事业单位功能定位，建立法人治理结构，完善绩效考核机制。推动公共图书馆、博物馆、文化馆、科技馆等组建理事会，吸纳有关方面代表、专业人士、各界群众参与管理。

引入竞争机制，推动公共文化服务社会化发展。鼓励社会力量、社会资本参与公共文化服务体系建设，培育文化非营利组织。

（41）提高文化开放水平。坚持政府主导、企业主体、市场运作、社会参与，扩大对外文化交流，加强国际传播能力和对外话语体系建设，推动中华文化走向世界。理顺内宣外宣体制，支持重点媒体面向国内国际发展。培育外向型文化企业，支持文化企业到境外开拓市场。鼓励社会组织、中资机构等参与孔子学院和海外文化中心建设，承担人文交流项目。

积极吸收借鉴国外一切优秀文化成果，引进有利于我国文化发展的人才、技术、经营管理经验。切实维护国家文化安全。

十二、推进社会事业改革创新

实现发展成果更多更公平惠及全体人民，必须加快社会事业改革，解决好人民最关心最直接最现实的利益问题，努力为社会提供多样化服务，更好满足人民需求。

（42）深化教育领域综合改革。全面贯彻党的教育方针，坚持立德树人，加强社会主义核心价值体系教育，完善中华优秀传统文化教育，形成爱学习、爱劳动、爱祖国活动的有效形式和长效机制，增强学生社会责任感、创新精神、实践能力。强化体育课和课外锻炼，促进青少年身心健康、体魄强健。改进美育教学，提高学生审美和人文素养。大力促进教育公平，健全家庭经济困难学生资助体系，构建利用信息化手段扩大优质教育资源覆盖面的有效机制，逐步缩小区域、城乡、校际差距。统筹城乡义务教育资源均衡配置，实行公办学校标准化建设和校长教师交流轮岗，不设重点学校重点班，破解择校难题，标本兼治减轻学生课业负担。加快现代职业教育体系建设，深化产教融合、校企合作，培养高素质劳动者和技能型人才。创新高校人才培养机制，促进高校办出特色争创一流。推进学前教育、特殊教育、继续教育改革发展。

推进考试招生制度改革，探索招生和考试相对分离、学生考试多次选择、学校依法自主招生、专业机构组织实施、政府宏观管理、社会参与监督的运行机制，从根本上解决一考定终身的弊端。义务教育免试就近入学，试行学区制和九年一贯对口招生。推行初高中学业水平考试和综合素质评价。加快推进职业院校分类招考或注册入学。逐步推行普通高校基于统一高考和高中学业水平考试成绩的综合评价多元录取机制。探索全国统考减少科目、不分文理科、外语等科目社会化考试一年多考。试行普通高校、高职院校、成人高校之间学分转换，拓宽终身学习通道。

深入推进管办评分离，扩大省级政府教育统筹权和学校办学自主权，完善学校内部治理结构。强化国家教育督导，委托社会组织开展教育评估监测。健全政府补贴、政府购买服务、助学贷款、基金奖励、捐资激励等制度，鼓励社会力量兴办教育。

（43）健全促进就业创业体制机制。建立经济发展和扩大就业的联动机制，健全政府促进就业责任制度。规范招人用人制度，消除城乡、行业、身份、性别等一切影响平等就业的制度障碍和就业歧视。完善扶持创业的优惠政策，形成政府激励创业、社会支持创业、劳动者勇于创业新机制。完善城乡均等的公共就业创业服务体系，构建劳动者终身职业培训体系。增强失业保险制度预防失业、促进就业功能，完善就业失业监测统计制度。创新劳动关系协调机制，畅通职工表达合理诉求渠道。

促进以高校毕业生为重点的青年就业和农村转移劳动力、城镇困难人员、退役军人就业。结合产业升级开发更多适合高校毕业生的就业岗位。政府购买基层公共管理和社会服务岗位更多用于吸纳高校毕业生就业。健全鼓励高校毕业生到基层工作的服务保障机制，提高公务员定向招录和事业单位优先招聘比例。实行激励高校毕业生自主创业政策，整合发展国家和省级高校毕业生就业创业基金。实施离校未就业高校毕业生就业促进计划，把未就业的纳入就业见习、技能培训等就业准备活动之中，对有特殊困难的实行全程就业服务。

（44）形成合理有序的收入分配格局。着重保护劳动所得，努力实现劳动报酬增长和劳动生产率提高同步，提高劳动报酬在初次分配中的比重。健全工资决定和正常增长机制，完善最低工资和工资支付保障制度，完善企业工资集体协商制度。改革机关事业单位工资和津贴补贴制度，完善艰苦边远地区津贴增长机制。健全资本、知识、技术、管理等由要素市场决定的报酬机制。扩展投资和租赁服务等途径，优化上市公司投资者回报机制，保护投资者尤其是中小投资者合法权益，多渠道增加居民财产性收入。

完善以税收、社会保障、转移支付为主要手段的再分配调节机制，加大税收调节力度。建立公共资源出让收益合理共享机制。完善慈善捐助减免税制度，支持慈善事业发挥扶贫济困积极作用。

规范收入分配秩序，完善收入分配调控体制机制和政策体系，建立个人收入和财产信息系统，保护合法收入，调节过高收入，清理规范隐性收入，取缔非法收入，增加低收入者收入，扩大中等收入者比重，努力缩小城乡、区域、行业收入分配差距，逐步形成橄榄型分配格局。

（45）建立更加公平可持续的社会保障制度。坚持社会统筹和个人账户相结合的基本养老保险制度，完善个人账户制度，健全多缴多得激励机制，确保参保人权益，实现基础养老金全国统筹，坚持精算平衡原则。推进机关事业单位养老保险制度改革。整合城乡居民基本养老保险制度、基本医疗保险制度。推进城乡最低生活保障制度统筹发展。建立健全合理兼顾各类人员的社会保障待遇确定和正常调整机制。完善社会保险关系转移接续政策，扩大参保缴费覆盖面，适时适当降低社会保险费率。研究制定渐进式延迟退休年龄政策。加快健全社会保障管理体制和经办服务体系。健全符合国情的住房保障和供应体系，建立公开规范的住房公积金制度，改进住房公积金提取、使用、监管机制。

健全社会保障财政投入制度，完善社会保障预算制度。加强社会保险基金投资管理和监督，推进基金市场化、多元化投资运营。制定实施免税、延期征税等优惠政策，加快发展企业年金、职业年金、商业保险，构建多层次社会保障体系。

积极应对人口老龄化，加快建立社会养老服务体系和发展老年服务产业。健全农村留守儿童、妇女、老年人关爱服务体系，健全残疾人权益保障、困境儿童分类保障制度。

（46）深化医药卫生体制改革。统筹推进医疗保障、医疗服务、公共卫生、药品供应、监管体制综合改革。深化基层医疗卫生机构综合改革，健全网络化城乡基层医疗卫生服务运行机制。加快公立医院改革，落实政府责任，建立科学的医疗绩效评价机制和适应行业特点的人才培养、人事薪酬制度。完善合理分级诊疗模式，建立社区医生和居民契约服务关系。充分利用信息化手段，促进优质医疗资源纵向流动。加强区域公共卫生服务资源整合。取消以药补医，理顺医药价格，建立科学补偿机制。改革医保支付方式，健全全民医保体系。加快健全重特大疾病医疗保险和救助制度。完善中医药事业发展政策和机制。

鼓励社会办医，优先支持举办非营利性医疗机构。社会资金可直接投向资源稀缺及满足多元需求服务领域，多种形式参与公立医院改制重组。允许医师多点执业，允许民办医疗机构纳入医保定点范围。

坚持计划生育的基本国策，启动实施一方是独生子女的夫妇可生育两个孩子的政策，逐步调整完善生育政策，促进人口长期均衡发展。

十三、创新社会治理体制

创新社会治理，必须着眼于维护最广大人民根本利益，最大限度增加和谐因素，增强社会发展活力，提高社会治理水平，全面推进平安中国建设，维护国家安全，确保人民安居乐业、社会安定有序。

（47）改进社会治理方式。坚持系统治理，加强党委领导，发挥政府主导作用，鼓励和支持社会各方面参与，实现政府治理和社会自我调节、居民自治良性互动。坚持依法治理，加强法治保障，运用法治思维和法治方式化解社会矛盾。坚持综合治理，强化道德约束，规范社会行为，调节利益关系，协调社会关系，解决社会问题。坚持源头治理，标本兼治、重在治本，以网格化管理、社会化服务为方向，健全基层综合服务管理平台，及时反映和协调人民群众各方面各层次利益诉求。

（48）激发社会组织活力。正确处理政府和社会关系，加快实施政社分开，推进社会组织明确权责、依法自治、发挥作用。适合由社会组织提供的公共服务和解决的事项，交由社会组织承担。支持和发展志愿服务组织。限期实现行业协会商会与行政机关真正脱钩，重点培育和优先发展行业协会商会类、科技类、公益慈善类、城乡社区服务类社会组织，成立时直接依法申请登记。加强对社会组织和在华境外非政府组织的管理，引导它们依法开展活动。

（49）创新有效预防和化解社会矛盾体制。健全重大决策社会稳定风险评估机制。建立畅通有序的诉求表达、心理干预、矛盾调处、权益保障机制，使群众问题能反映、矛盾能化解、权益有保障。

改革行政复议体制，健全行政复议案件审理机制，纠正违法或不当行政行为。完善人民调解、行政调解、司法调解联动工作体系，建立调处化解矛盾纠纷综合机制。

改革信访工作制度，实行网上受理信访制度，健全及时就地解决群众合理诉求机制。把涉法涉诉信访纳入法治轨道解决，建立涉法涉诉信访依法终结制度。

（50）健全公共安全体系。完善统一权威的食品药品安全监管机构，建立最严格的覆盖全过程的监管制度，建立食品原产地可追溯制度和质量标识制度，保障食品药品安全。深化安全生产管理体制改革，建立隐患排查治理体系和安全预防控制体系，遏制重特大安全事故。健全防灾减灾救灾体制。加强社会治安综合治理，创新立体化社会治安防控体系，依法严密防范和惩治各类违法犯罪活动。

坚持积极利用、科学发展、依法管理、确保安全的方针，加大依法管理网络力度，加快完善互联网管理领导体制，确保国家网络和信息安全。

设立国家安全委员会，完善国家安全体制和国家安全战略，确保国家安全。

十四、加快生态文明制度建设

建设生态文明，必须建立系统完整的生态文明制度体系，实行最严格的源头保护制度、损害赔偿制度、责任追究制度，完善环境治理和生态修复制度，用制度保护生态环境。

（51）健全自然资源资产产权制度和用途管制制度。对水流、森林、山岭、草原、荒地、滩涂等自然生态空间进行统一确权登记，形成归属清晰、权责明确、监管有效的自然资源资产产权制度。建立空间规划体系，划定生产、生活、生态空间开发管制界限，落实用途管制。健全能源、水、土地节约集约使用制度。

健全国家自然资源资产管理体制，统一行使全民所有自然资源资产所有者职责。完善自然资源监管体制，统一行使所有国土空间用途管制职责。

（52）划定生态保护红线。坚定不移实施主体功能区制度，建立国土空间开发保护制度，严格按照主体功能区定位推动发展，建立国家公园体制。建立资源环境承载能力监测预警机制，对水土资源、环境容量和海洋资源超载区域实行限制性措施。对限制开发区域和生态脆弱的国家扶贫开发工作重点县取消地区生产总值考核。

探索编制自然资源资产负债表，对领导干部实行自然资源资产离任审计。建立生态环境损害责任终身追究制。

（53）实行资源有偿使用制度和生态补偿制度。加快自然资源及其产品价格改革，全面反映市场供求、资源稀缺程度、生态环境损害成本和修复效益。坚持使用资源付费和谁污染环境、谁破坏生态谁付费原则，逐步将资源税扩展到占用各种自然生态空间。稳定和扩大退耕还林、退牧还草范围，调整严重污染和地下水严重超采区耕地用途，有序实现耕地、河湖休养生息。建立有效调节工业用地和居住用地合理比价机制，提高工业用地价格。坚持谁受益、谁补偿原则，完善对重点生态功能区的生态补偿机制，推动地区间建立横向生态补偿制度。发展环保市场，推行节能量、碳排放权、排污权、水权交易制度，建立吸引社会资本投入生态环境保护的市场化机制，推行环境污染第三方治理。

（54）改革生态环境保护管理体制。建立和完善严格监管所有污染物排放的环境保护管理制度，独立进行环境监管和行政执法。建立陆海统筹的生态系统保护修复和污染防治区域联动机制。健全国有林区经营管理体制，完善集体林权制度改革。及时公布环境信息，健全举报制度，加强社会监督。完善污染物排放许可制，实行企事业单位污染物排放总量控制制度。对造成生态环境损害的责任者严格实行赔偿制度，依法追究刑事责任。

十五、深化国防和军队改革

紧紧围绕建设一支听党指挥、能打胜仗、作风优良的人民军队这一党在新形势下的强军目标，着力解决制约国防和军队建设发展的突出矛盾和问题，创新发展军事理论，加强军事战略指导，完善新时期军事战略方针，构建中国特色现代军事力量体系。

（55）深化军队体制编制调整改革。推进领导管理体制改革，优化军委总部领导机关职能配置和机构设置，完善各军兵种领导管理体制。健全军委联合作战指挥机构和战区联合作战指挥体制，推进联合作战训练和保障体制改革。完善新型作战力量领导体制。加强信息化建设集中统管。优化武装警察部队力量结构和指挥管理体制。

优化军队规模结构，调整改善军兵种比例、官兵比例、部队与机关比例，减少非战斗机构和人员。依据不同方向安全需求和作战任务改革部队编成。加快新型作战力量建设。深化军队院校改革，健全军队院校教育、部队训练实践、军事职业教育三位一体的新型军事人才培养体系。

（56）推进军队政策制度调整改革。健全完善与军队职能任务需求和国家政策制度创新相适应的军事人力资源政策制度。以建立军官职业化制度为牵引，逐步形成科学规范的军队干部制度体系。健全完善文职人员制度。完善兵役制度、士官制度、退役军人安置制度改革配套政策。

健全军费管理制度，建立需求牵引规划、规划主导资源配置机制。健全完善经费物资管理标准制度体系。深化预算管理、集中收付、物资采购和军人医疗、保险、住房保障等制度改革。

健全军事法规制度体系，探索改进部队科学管理的方式方法。

（57）推动军民融合深度发展。在国家层面建立推动军民融合发展的统一领导、军地协调、需求对接、资源共享机制。健全国防工业体系，完善国防科技协同创新体制，改革国防科研生产管理和武器装备采购体制机制，引导优势民营企业进入军品科研生产和维修领域。改革完善依托国民教育培养军事人才的政策制度。拓展军队保障社会化领域。深化国防教育改革。健全国防动员体制机制，完善平时征用和战时动员法规制度。深化民兵预备役体制改革。调整理顺边海空防管理体制机制。

十六、加强和改善党对全面深化改革的领导

全面深化改革必须加强和改善党的领导，充分发挥党总揽全局、

协调各方的领导核心作用，建设学习型、服务型、创新型的马克思主义执政党，提高党的领导水平和执政能力，确保改革取得成功。

（58）全党同志要把思想和行动统一到中央关于全面深化改革重大决策部署上来，正确处理中央和地方、全局和局部、当前和长远的关系，正确对待利益格局调整，充分发扬党内民主，坚决维护中央权威，保证政令畅通，坚定不移实现中央改革决策部署。

中央成立全面深化改革领导小组，负责改革总体设计、统筹协调、整体推进、督促落实。

各级党委要切实履行对改革的领导责任，完善科学民主决策机制，以重大问题为导向，把各项改革举措落到实处。加强各级领导班子建设，完善干部教育培训和实践锻炼制度，不断提高领导班子和领导干部推动改革能力。创新基层党建工作，健全党的基层组织体系，充分发挥基层党组织的战斗堡垒作用，引导广大党员积极投身改革事业，发扬“钉钉子”精神，抓铁有痕、踏石留印，为全面深化改革作出积极贡献。

（59）全面深化改革，需要有力的组织保证和人才支撑。坚持党管干部原则，深化干部人事制度改革，构建有效管用、简便易行的选人用人机制，使各方面优秀干部充分涌现。发挥党组织领导和把关作用，强化党委（党组）、分管领导和组织部门在干部选拔任用中的权重和干部考察识别的责任，改革和完善干部考核评价制度，改进竞争性选拔干部办法，改进优秀年轻干部培养选拔机制，区分实施选任制和委任制干部选拔方式，坚决纠正唯票取人、唯分取人等现象，用好各年龄段干部，真正把信念坚定、为民服务、勤政务实、敢于担当、清正廉洁的好干部选拔出来。

打破干部部门化，拓宽选人视野和渠道，加强干部跨条块跨领域交流。破除“官本位”观念，推进干部能上能下、能进能出。完善和落实领导干部问责制，完善从严管理干部队伍制度体系。深化公务员分类改革，推行公务员职务与职级并行、职级与待遇挂钩制度，加快建立专业技术类、行政执法类公务员和聘任人员管理制度。完善基层公务员录用制度，在艰苦边远地区适当降低进入门槛。

建立集聚人才体制机制，择天下英才而用之。打破体制壁垒，扫除身份障碍，让人人都有成长成才、脱颖而出的通道，让各类人才都有施展才华的广阔天地。完善党政机关、企事业单位、社会各方面人才顺畅流动的制度体系。健全人才向基层流动、向艰苦地区和岗位流动、在一线创业的激励机制。加快形成具有国际竞争力的人才制度优势，完善人才评价机制，增强人才政策开放度，广泛吸引境外优秀人才回国或来华创业发展。

（60）人民是改革的主体，要坚持党的群众路线，建立社会参与机制，充分发挥人民群众积极性、主动性、创造性，充分发挥工会、共青团、妇联等人民团体作用，齐心协力推进改革。鼓励地方、基层和群众大胆探索，加强重大改革试点工作，及时总结经验，宽容改革失误，加强宣传和舆论引导，为全面深化改革营造良好社会环境。

全党同志要紧密团结在以习近平同志为总书记的党中央周围，锐意进取，攻坚克难，谱写改革开放伟大事业历史新篇章，为全面建成小康社会、不断夺取中国特色社会主义新胜利、实现中华民族伟大复兴的中国梦而奋斗！

新华社 2013 年 11 月 15 日电

中共中央关于全面推进依法治国若干重大问题的决定

（2014 年 10 月 23 日中国共产党第十八届中央委员会第四次全体会议通过）

为贯彻落实党的十八大作出的战略部署，加快建设社会主义法治国家，十八届中央委员会第四次全体会议研究了全面推进依法治国若干重大问题，作出如下决定。

一、坚持走中国特色社会主义法治道路，建设中国特色社会主义法治体系

依法治国，是坚持和发展中国特色社会主义的本质要求和重要保障，是实现国家治理体系和治理能力现代化的必然要求，事关我们党执政兴国，事关人民幸福安康，事关党和国家长治久安。

全面建成小康社会、实现中华民族伟大复兴的中国梦，全面深化改革、完善和发展中国特色社会主义制度，提高党的执政能力和执政水平，必须全面推进依法治国。

我国正处于社会主义初级阶段，全面建成小康社会进入决定性阶段，改革进入攻坚期和深水区，国际形势复杂多变，我们党面对的改革发展稳定任务之重前所未有、矛盾风险挑战之多前所未有，依法治国在党和国家工作全局中的地位更加突出、作用更加重大。面对新形势新任务，我们党要更好统筹国内国际两个大局，更好维护和运用我国发展的重要战略机遇期，更好统筹社会力量、平衡社会利益、调节社会关系、规范社会行为，使我国社会在深刻变革中既生机勃勃又井然有序，实现经济发展、政治清明、文化昌盛、社会公正、生态良好，实现我国和平发展的战略目标，必须更好发挥法治的引领和规范作用。

我们党高度重视法治建设。长期以来，特别是党的十一届三中全

会以来，我们党深刻总结我国社会主义法治建设的成功经验和深刻教训，提出为了保障人民民主，必须加强法治，必须使民主制度化、法律化，把依法治国确定为党领导人民治理国家的基本方略，把依法执政确定为党治国理政的基本方式，积极建设社会主义法治，取得历史性成就。目前，中国特色社会主义法律体系已经形成，法治政府建设稳步推进，司法体制不断完善，全社会法治观念明显增强。

同时，必须清醒看到，同党和国家事业发展要求相比，同人民群众期待相比，同推进国家治理体系和治理能力现代化目标相比，法治建设还存在许多不适应、不符合的问题，主要表现为：有的法律法规未能全面反映客观规律和人民意愿，针对性、可操作性不强，立法工作中部门化倾向、争权诿责现象较为突出；有法不依、执法不严、违法不究现象比较严重，执法体制权责脱节、多头执法、选择性执法现象仍然存在，执法司法不规范、不严格、不透明、不文明现象较为突出，群众对执法司法不公和腐败问题反映强烈；部分社会成员尊法信法守法用法、依法维权意识不强，一些国家工作人员特别是领导干部依法办事观念不强、能力不足，知法犯法、以言代法、以权压法、徇私枉法现象依然存在。这些问题，违背社会主义法治原则，损害人民群众利益，妨碍党和国家事业发展，必须下大气力加以解决。

全面推进依法治国，必须贯彻落实党的十八大和十八届三中全会精神，高举中国特色社会主义伟大旗帜，以马克思列宁主义、毛泽东思想、邓小平理论、“三个代表”重要思想、科学发展观为指导，深入贯彻习近平总书记系列重要讲话精神，坚持党的领导、人民当家作主、依法治国有机统一，坚定不移走中国特色社会主义法治道路，坚决维护宪法法律权威，依法维护人民权益、维护社会公平正义、维护国家安全稳定，为实现“两个一百年”奋斗目标、实现中华民族伟大复兴的中国梦提供有力法治保障。

全面推进依法治国，总目标是建设中国特色社会主义法治体系，建设社会主义法治国家。这就是，在中国共产党领导下，坚持中国特色社会主义制度，贯彻中国特色社会主义法治理论，形成完备的法律规范体系、高效的法治实施体系、严密的法治监督体系、有力的法治保障体系，形成完善的党内法规体系，坚持依法治国、依法执政、依法行政共同推进，坚持法治国家、法治政府、法治社会一体建设，实现科学立法、严格执法、公正司法、全民守法，促进国家治理体系和治理能力现代化。

实现这个总目标，必须坚持以下原则。

——坚持中国共产党的领导。党的领导是中国特色社会主义最本质的特征，是社会主义法治最根本的保证。把党的领导贯彻到依法治国全过程和各方面，是我国社会主义法治建设的一条基本经验。我国宪法确立了中国共产党的领导地位。坚持党的领导，是社会主义法治的根本要求，是党和国家的根本所在、命脉所在，是全国各族人民的利益所系、幸福所系，是全面推进依法治国的题中应有之义。党的领导和社会主义法治是一致的，社会主义法治必须坚持党的领导，党的领导必须依靠社会主义法治。只有在党的领导下依法治国、厉行法治，人民当家作主才能充分实现，国家和社会生活法治化才能有序推进。依法执政，既要求党依据宪法法律治国理政，也要求党依据党内法规管党治党。必须坚持党领导立法、保证执法、支持司法、带头守法，把依法治国基本方略同依法执政基本方式统一起来，把党总揽全局、协调各方同人大、政府、政协、审判机关、检察机关依法依章程履行职能、开展工作统一起来，把党领导人民制定和实施宪法法律同党坚持在宪法法律范围内活动统一起来，善于使党的主张通过法定程序成为国家意志，善于使党组织推荐的人选通过法定程序成为国家政权机关的领导人员，善于通过国家政权机关实施党对国家和社会的领导，善于运用民主集中制原则维护中央权威、维护全党全国团结统一。

——坚持人民主体地位。人民是依法治国的主体和力量源泉，人民代表大会制度是保证人民当家作主的根本政治制度。必须坚持法治建设为了人民、依靠人民、造福人民、保护人民，以保障人民根本权益为出发点和落脚点，保证人民依法享有广泛的权利和自由、承担应尽的义务，维护社会公平正义，促进共同富裕。必须保证人民在党的领导下，依照法律规定，通过各种途径和形式管理国家事务，管理经济文化事业，管理社会事务。必须使人民认识到法律既是保障自身权利的有力武器，也是必须遵守的行为规范，增强全社会学法尊法守法用法意识，使法律为人民所掌握、所遵守、所运用。

——坚持法律面前人人平等。平等是社会主义法律的基本属性。任何组织和个人都必须尊重宪法法律权威，都必须在宪法法律范围内活动，都必须依照宪法法律行使权力或权利、履行职责或义务，都不得有超越宪法法律的特权。必须维护国家法制统一、尊严、权威，切实保证宪法法律有效实施，绝不允许任何人以任何借口任何形式以言代法、以权压法、徇私枉法。必须以规范和约束公权力为重点，加大监督力度，做到有权必有责、用权受监督、违法必追究，坚决纠正有法不依、执法不严、违法不究行为。

——坚持依法治国和以德治国相结合。国家和社会治理需要法律和道德共同发挥作用。必须坚持一手抓法治、一手抓德治，大力弘扬社会主义核心价值观，弘扬中华传统美德，培育社会公德、职业道德、家庭美德、个人品德，既重视发挥法律的规范作用，又重视发挥道德的教化作用，以法治体现道德理念、强化法律对道德建设的促进作用，以道德滋养法治精神、强化道德对法治文化的支撑作用，实现法律和道德相辅相成、法治和德治相得益彰。

——坚持从中国实际出发。中国特色社会主义道路、理论体系、制度是全面推进依法治国的根本遵循。必须从我国基本国情出发，同改革开放不断深化相适应，总结和运用党领导人民实行法治的成功经验，围绕社会主义法治建设重大理论和实践问题，推进法治理论创新，发展符合中国实际、具有中国特色、体现社会发展规律的社会主义法治理论，为依法治国提供理论指导和学理支撑。汲取中华法律文化精华，借鉴国外法治有益经验，但决不照搬外国法治理念和模式。

全面推进依法治国是一个系统工程，是国家治理领域一场广泛而深刻的革命，需要付出长期艰苦努力。全党同志必须更加自觉地坚持依法治国、更加扎实地推进依法治国，努力实现国家各项工作法治化，向着建设法治中国不断前进。

二、完善以宪法为核心的中国特色社会主义法律体系，加强宪法实施

法律是治国之重器，良法是善治之前提。建设中国特色社会主义法治体系，必须坚持立法先行，发挥立法的引领和推动作用，抓住提高立法质量这个关键。要恪守以民为本、立法为民理念，贯彻社会主义核心价值观，使每一项立法都符合宪法精神、反映人民意志、得到人民拥护。要把公正、公平、公开原则贯穿立法全过程，完善立法体制机制，坚持立改废释并举，增强法律法规的及时性、系统性、针对性、有效性。

（一）健全宪法实施和监督制度。宪法是党和人民意志的集中体现，是通过科学民主程序形成的根本法。坚持依法治国首先要坚持依宪治国，坚持依法执政首先要坚持依宪执政。全国各族人民、一切国家机关和武装力量、各政党和各社会团体、各企业事业组织，都必须以宪法为根本的活动准则，并且负有维护宪法尊严、保证宪法实施的职责。一切违反宪法的行为都必须予以追究和纠正。

完善全国人大及其常委会宪法监督制度，健全宪法解释程序机制。加强备案审查制度和能力建设，把所有规范性文件纳入备案审查范围，依法撤销和纠正违宪违法的规范性文件，禁止地方制发带有立法性质的文件。

将每年十二月四日定为国家宪法日。在全社会普遍开展宪法教育，弘扬宪法精神。建立宪法宣誓制度，凡经人大及其常委会选举或者决定任命的国家工作人员正式就职时公开向宪法宣誓。

（二）完善立法体制。加强党对立法工作的领导，完善党对立法工作中重大问题决策的程序。凡立法涉及重大体制和重大政策调整的，必须报党中央讨论决定。党中央向全国人大提出宪法修改建议，依照宪法规定的程序进行宪法修改。法律制定和修改的重大问题由全国人大常委会党组向党中央报告。

健全有立法权的人大主导立法工作的体制机制，发挥人大及其常委会在立法工作中的主导作用。建立由全国人大相关专门委员会、全国人大常委会法制工作委员会组织有关部门参与起草综合性、全局性、

基础性等重要法律草案制度。增加有法治实践经验的专职常委比例。依法建立健全专门委员会、工作委员会立法专家顾问制度。

加强和改进政府立法制度建设，完善行政法规、规章制定程序，完善公众参与政府立法机制。重要行政管理法律法规由政府法制机构组织起草。

明确立法权力边界，从体制机制和工作程序上有效防止部门利益和地方保护主义法律化。对部门间争议较大的重要立法事项，由决策机关引入第三方评估，充分听取各方意见，协调决定，不能久拖不决。加强法律解释工作，及时明确法律规定含义和适用法律依据。明确地方立法权限和范围，依法赋予设区的市地方立法权。

（三）深入推进科学立法、民主立法。加强人大对立法工作的组织协调，健全立法起草、论证、协调、审议机制，健全向下级人大征询立法意见机制，建立基层立法联系点制度，推进立法精细化。健全法律法规规章起草征求人大代表意见制度，增加人大代表列席人大常委会会议人数，更多发挥人大代表参与起草和修改法律作用。完善立法项目征集和论证制度。健全立法机关主导、社会各方有序参与立法的途径和方式。探索委托第三方起草法律法规草案。

健全立法机关和社会公众沟通机制，开展立法协商，充分发挥政协委员、民主党派、工商联、无党派人士、人民团体、社会组织在立法协商中的作用，探索建立有关国家机关、社会团体、专家学者等对立法中涉及的重大利益调整论证咨询机制。拓宽公民有序参与立法途径，健全法律法规规章草案公开征求意见和公众意见采纳情况反馈机制，广泛凝聚社会共识。

完善法律草案表决程序，对重要条款可以单独表决。

（四）加强重点领域立法。依法保障公民权利，加快完善体现权利公平、机会公平、规则公平的法律制度，保障公民人身权、财产权、基本政治权利等各项权利不受侵犯，保障公民经济、文化、社会等各方面权利得到落实，实现公民权利保障法治化。增强全社会尊重和保障人权意识，健全公民权利救济渠道和方式。

社会主义市场经济本质上是法治经济。使市场在资源配置中起决定性作用和更好发挥政府作用，必须以保护产权、维护契约、统一市场、平等交换、公平竞争、有效监管为基本导向，完善社会主义市场经济法律制度。健全以公平为核心原则的产权保护制度，加强对各种所有制经济组织和自然人财产权的保护，清理有违公平的法律法规条款。创新适应公有制多种实现形式的产权保护制度，加强对国有、集体资产所有权、经营权和各类企业法人财产权的保护。国家保护企业以法人财产权依法自主经营、自负盈亏，企业有权拒绝任何组织和个人无法律依据的要求。加强企业社会责任立法。完善激励创新的产权制度、知识产权保护制度和促进科技成果转化的体制机制。加强市场法律制度建设，编纂民法典，制定和完善发展规划、投资管理、土地管理、能源和矿产资源、农业、财政税收、金融等方面法律法规，促进商品和要素自由流动、公平交易、平等使用。依法加强和改善宏观调控、市场监管，反对垄断，促进合理竞争，维护公平竞争的市场秩序。加强军民融合深度发展法治保障。

制度化、规范化、程序化是社会主义民主政治的根本保障。以保障人民当家作主为核心，坚持和完善人民代表大会制度，坚持和完善中国共产党领导的多党合作和政治协商制度、民族区域自治制度以及基层群众自治制度，推进社会主义民主政治法治化。加强社会主义协商民主制度建设，推进协商民主广泛多层制度化发展，构建程序合理、环节完整的协商民主体系。完善和发展基层民主制度，依法推进基层民主和行业自律，实行自我管理、自我服务、自我教育、自我监督。完善国家机构组织法，完善选举制度和工作机制。加快推进反腐败国家立法，完善惩治和预防腐败体系，形成不敢腐、不能腐、不想腐的有效机制，坚决遏制和预防腐败现象。完善惩治贪污贿赂犯罪法律制度，把贿赂犯罪对象由财物扩大为财物和其他财产性利益。

建立健全坚持社会主义先进文化前进方向、遵循文化发展规律、有利于激发文化创造活力、保障人民基本文化权益的文化法律制度。制定公共文化服务保障法，促进基本公共文化服务标准化、均等化。制定文化产业促进法，把行之有效的文化经济政策法定化，健全促进社会效益和经济效益有机统一的制度规范。制定国家勋章和国家荣誉称号法，表彰有突出贡献的杰出人士。加强互联网领域立法，完善网络信息服务、网络安全保护、网络社会管理等方面的法律法规，依法规范网络行为。

加快保障和改善民生、推进社会治理体制创新法律制度建设。依法加强和规范公共服务，完善教育、就业、收入分配、社会保障、医疗卫生、食品安全、扶贫、慈善、社会救助和妇女儿童、老年人、残疾人合法权益保护等方面的法律法规。加强社会组织立法，规范和引导各类社会组织健康发展。制定社区矫正法。

贯彻落实总体国家安全观，加快国家安全法治建设，抓紧出台反恐怖等一批急需法律，推进公共安全法治化，构建国家安全法律制度体系。

用严格的法律制度保护生态环境，加快建立有效约束开发行为和促进绿色发展、循环发展、低碳发展的生态文明法律制度，强化生产者环境保护的法律责任，大幅度提高违法成本。建立健全自然资源产权法律制度，完善国土空间开发保护方面的法律制度，制定完善生态补偿和土壤、水、大气污染防治及海洋生态环境保护等法律法规，促进生态文明建设。

实现立法和改革决策相衔接，做到重大改革于法有据、立法主动适应改革和经济社会发展需要。实践证明行之有效的，要及时上升为法律。实践条件还不成熟、需要先行先试的，要按照法定程序作出授权。对不适应改革要求的法律法规，要及时修改和废止。

三、深入推进依法行政，加快建设法治政府

法律的生命力在于实施，法律的权威也在于实施。各级政府必须坚持在党的领导下、在法治轨道上开展工作，创新执法体制，完善执法程序，推进综合执法，严格执法责任，建立权责统一、权威高效的依法行政体制，加快建设职能科学、权责法定、执法严明、公开公正、廉洁高效、守法诚信的法治政府。

（一）依法全面履行政府职能。完善行政组织和行政程序法律制度，推进机构、职能、权限、程序、责任法定化。行政机关要坚持法定职

责必须为、法无授权不可为，勇于负责、敢于担当，坚决纠正不作为、乱作为，坚决克服懒政、怠政，坚决惩处失职、渎职。行政机关不得法外设定权力，没有法律法规依据不得作出减损公民、法人和其他组织合法权益或者增加其义务的决定。推行政府权力清单制度，坚决消除权力设租寻租空间。

推进各级政府事权规范化、法律化，完善不同层级政府特别是中央和地方政府事权法律制度，强化中央政府宏观管理、制度设定职责和必要的执法权，强化省级政府统筹推进区域内基本公共服务均等化职责，强化市县政府执行职责。

（二）健全依法决策机制。把公众参与、专家论证、风险评估、合法性审查、集体讨论决定确定为重大行政决策法定程序，确保决策制度科学、程序正当、过程公开、责任明确。建立行政机关内部重大决策合法性审查机制，未经合法性审查或经审查不合法的，不得提交讨论。

积极推行政府法律顾问制度，建立政府法制机构人员为主体、吸收专家和律师参加的法律顾问队伍，保证法律顾问在制定重大行政决策、推进依法行政中发挥积极作用。

建立重大决策终身责任追究制度及责任倒查机制，对决策严重失误或者依法应该及时作出决策但久拖不决造成重大损失、恶劣影响的，严格追究行政首长、负有责任的其他领导人员和相关责任人员的法律责任。

（三）深化行政执法体制改革。根据不同层级政府的事权和职能，按照减少层次、整合队伍、提高效率的原则，合理配置执法力量。

推进综合执法，大幅减少市县两级政府执法队伍种类，重点在食品药品安全、工商质检、公共卫生、安全生产、文化旅游、资源环境、农林水利、交通运输、城乡建设、海洋渔业等领域内推行综合执法，有条件的领域可以推行跨部门综合执法。

完善市县两级政府行政执法管理，加强统一领导和协调。理顺行政强制执行体制。理顺城市管理执法体制，加强城市管理综合执法机构建设，提高执法和服务水平。

严格实行行政执法人员持证上岗和资格管理制度，未经执法资格考试合格，不得授予执法资格，不得从事执法活动。严格执行罚缴分离和收支两条线管理制度，严禁收费罚没收入同部门利益直接或者变相挂钩。

健全行政执法和刑事司法衔接机制，完善案件移送标准和程序，建立行政执法机关、公安机关、检察机关、审判机关信息共享、案情通报、案件移送制度，坚决克服有案不移、有案难移、以罚代刑现象，实现行政处罚和刑事处罚无缝对接。

（四）坚持严格规范公正文明执法。依法惩处各类违法行为，加大关系群众切身利益的重点领域执法力度。完善执法程序，建立执法全过程记录制度。明确具体操作流程，重点规范行政许可、行政处罚、行政强制、行政征收、行政收费、行政检查等执法行为。严格执行重大执法决定法制审核制度。

建立健全行政裁量权基准制度，细化、量化行政裁量标准，规范裁量范围、种类、幅度。加强行政执法信息化建设和信息共享，提高执法效率和规范化水平。

全面落实行政执法责任制，严格确定不同部门及机构、岗位执法人员执法责任和责任追究机制，加强执法监督，坚决排除对执法活动的干预，防止和克服地方和部门保护主义，惩治执法腐败现象。

（五）强化对行政权力的制约和监督。加强党内监督、人大监督、民主监督、行政监督、司法监督、审计监督、社会监督、舆论监督制度建设，努力形成科学有效的权力运行制约和监督体系，增强监督合力和实效。

加强对政府内部权力的制约，是强化对行政权力制约的重点。对财政资金分配使用、国有资产监管、政府投资、政府采购、公共资源转让、公共工程建设等权力集中的部门和岗位实行分事行权、分岗设权、分级授权，定期轮岗，强化内部流程控制，防止权力滥用。完善政府内部层级监督和专门监督，改进上级机关对下级机关的监督，建立常态化监督制度。完善纠错问责机制，健全责令公开道歉、停职检查、引咎辞职、责令辞职、罢免等问责方式和程序。

完善审计制度，保障依法独立行使审计监督权。对公共资金、国有资产、国有资源和领导干部履行经济责任情况实行审计全覆盖。强化上级审计机关对下级审计机关的领导。探索省以下地方审计机关人财物统一管理。推进审计职业化建设。

（六）全面推进政务公开。坚持以公开为常态、不公开为例外原则，推进决策公开、执行公开、管理公开、服务公开、结果公开。各级政府及其工作部门依据权力清单，向社会全面公开政府职能、法律依据、实施主体、职责权限、管理流程、监督方式等事项。重点推进财政预算、公共资源配置、重大建设项目批准和实施、社会公益事业建设等领域的政府信息公开。

涉及公民、法人或其他组织权利和义务的规范性文件，按照政府信息公开要求和程序予以公布。推行行政执法公示制度。推进政务公开信息化，加强互联网政务信息数据服务平台和便民服务平台建设。

四、保证公正司法，提高司法公信力

公正是法治的生命线。司法公正对社会公正具有重要引领作用，司法不公对社会公正具有致命破坏作用。必须完善司法管理体制和司法权力运行机制，规范司法行为，加强对司法活动的监督，努力让人民群众在每一个司法案件中感受到公平正义。

（一）完善确保依法独立公正行使审判权和检察权的制度。各级党政机关和领导干部要支持法院、检察院依法独立公正行使职权。建立领导干部干预司法活动、插手具体案件处理的记录、通报和责任追究制度。任何党政机关和领导干部都不得让司法机关做违反法定职责、有碍司法公正的事情，任何司法机关都不得执行党政机关和领导干部违法干预司法活动的要求。对干预司法机关办案的，给予党纪政纪处分；造成冤假错案或者其他严重后果的，依法追究刑事责任。

健全行政机关依法出庭应诉、支持法院受理行政案件、尊重并执行法院生效裁判的制度。完善惩戒妨碍司法机关依法行使职权、拒不执行生效裁判和决定、藐视法庭权威等违法犯罪行为的法律规定。

建立健全司法人员履行法定职责保护机制。非因法定事由，非经法定程序，不得将法官、检察官调离、辞退或者作出免职、降级等处分。

（二）优化司法职权配置。健全公安机关、检察机关、审判机关、司法行政机关各司其职，侦查权、检察权、审判权、执行权相互配合、相互制约的体制机制。

完善司法体制，推动实行审判权和执行权相分离的体制改革试点。完善刑罚执行制度，统一刑罚执行体制。改革司法机关人财物管理体制，探索实行法院、检察院司法行政事务管理权和审判权、检察权相分离。

最高人民法院设立巡回法庭，审理跨行政区域重大行政和民商事案件。探索设立跨行政区划的人民法院和人民检察院，办理跨地区案件。完善行政诉讼体制机制，合理调整行政诉讼案件管辖制度，切实解决行政诉讼立案难、审理难、执行难等突出问题。

改革法院案件受理制度，变立案审查制为立案登记制，对人民法院依法应该受理的案件，做到有案必立、有诉必理，保障当事人诉权。加大对虚假诉讼、恶意诉讼、无理缠诉行为的惩治力度。完善刑事诉讼中认罪认罚从宽制度。

完善审级制度，一审重在解决事实认定和法律适用，二审重在解决事实法律争议、实现二审终审，再审重在解决依法纠错、维护裁判权威。完善对涉及公民人身、财产权益的行政强制措施实行司法监督制度。检察机关在履行职责中发现行政机关违法行使职权或者不行使职权的行为，应该督促其纠正。探索建立检察机关提起公益诉讼制度。

明确司法机关内部各层级权限，健全内部监督制约机制。司法机关内部人员不得违反规定干预其他人员正在办理的案件，建立司法机关内部人员过问案件的记录制度和责任追究制度。完善主审法官、合议庭、主任检察官、主办侦查员办案责任制，落实谁办案谁负责。

加强职务犯罪线索管理，健全受理、分流、查办、信息反馈制度，明确纪检监察和刑事司法办案标准和程序衔接，依法严格查办职务犯罪案件。

（三）推进严格司法。坚持以事实为根据、以法律为准绳，健全事实认定符合客观真相、办案结果符合实体公正、办案过程符合程序公正的法律制度。加强和规范司法解释和案例指导，统一法律适用标准。

推进以审判为中心的诉讼制度改革，确保侦查、审查起诉的案件事实证据经得起法律的检验。全面贯彻证据裁判规则，严格依法收集、固定、保存、审查、运用证据，完善证人、鉴定人出庭制度，保证庭审在查明事实、认定证据、保护诉权、公正裁判中发挥决定性作用。

明确各类司法人员工作职责、工作流程、工作标准，实行办案质量终身负责制和错案责任倒查问责制，确保案件处理经得起法律和历史检验。

（四）保障人民群众参与司法。坚持人民司法为人民，依靠人民推进公正司法，通过公正司法维护人民权益。在司法调解、司法听证、涉诉信访等司法活动中保障人民群众参与。完善人民陪审员制度，保障公民陪审权利，扩大参审范围，完善随机抽选方式，提高人民陪审制度公信度。逐步实行人民陪审员不再审理法律适用问题，只参与审理事实认定问题。

构建开放、动态、透明、便民的阳光司法机制，推进审判公开、检务公开、警务公开、狱务公开，依法及时公开执法司法依据、程序、流程、结果和生效法律文书，杜绝暗箱操作。加强法律文书释法说理，建立生效法律文书统一上网和公开查询制度。

（五）加强人权司法保障。强化诉讼过程中当事人和其他诉讼参与人的知情权、陈述权、辩护辩论权、申请权、申诉权的制度保障。健全落实罪刑法定、疑罪从无、非法证据排除等法律原则的法律制度。完善对限制人身自由司法措施和侦查手段的司法监督，加强对刑讯逼供和非法取证的源头预防，健全冤假错案有效防范、及时纠正机制。

切实解决执行难，制定强制执行法，规范查封、扣押、冻结、处理涉案财物的司法程序。加快建立失信被执行人信用监督、威慑和惩戒法律制度。依法保障胜诉当事人及时实现权益。

落实终审和诉讼终结制度，实行诉访分离，保障当事人依法行使申诉权利。对不服司法机关生效裁判、决定的申诉，逐步实行由律师代理制度。对聘不起律师的申诉人，纳入法律援助范围。

（六）加强对司法活动的监督。完善检察机关行使监督权的法律制度，加强对刑事诉讼、民事诉讼、行政诉讼的法律监督。完善人民监督员制度，重点监督检察机关查办职务犯罪的立案、羁押、扣押冻结财物、起诉等环节的执法活动。司法机关要及时回应社会关切。规范媒体对案件的报道，防止舆论影响司法公正。

依法规范司法人员与当事人、律师、特殊关系人、中介组织的接触、交往行为。严禁司法人员私下接触当事人及律师、泄露或者为其打探案情、接受吃请或者收受其财物、为律师介绍代理和辩护业务等违法违纪行为，坚决惩治司法掮客行为，防止利益输送。

对因违法违纪被开除公职的司法人员、吊销执业证书的律师和公证员，终身禁止从事法律职业，构成犯罪的要依法追究刑事责任。

坚决破除各种潜规则，绝不允许法外开恩，绝不允许办关系案、人情案、金钱案。坚决反对和克服特权思想、衙门作风、霸道作风，坚决反对和惩治粗暴执法、野蛮执法行为。对司法领域的腐败零容忍，坚决清除害群之马。

五、增强全民法治观念，推进法治社会建设

法律的权威源自人民的内心拥护和真诚信仰。人民权益要靠法律保障，法律权威要靠人民维护。必须弘扬社会主义法治精神，建设社会主义法治文化，增强全社会厉行法治的积极性和主动性，形成守法光荣、违法可耻的社会氛围，使全体人民都成为社会主义法治的忠实崇尚者、自觉遵守者、坚定捍卫者。

（一）推动全社会树立法治意识。坚持把全民普法和守法作为依法治国的长期基础性工作，深入开展法治宣传教育，引导全民自觉守法、遇事找法、解决问题靠法。坚持把领导干部带头学法、模范守法作为树立法治意识的关键，完善国家工作人员学法用法制度，把宪法法律列入党委（党组）中心组学习内容，列为党校、行政学院、干部学院、社会主义学院必修课。把法治教育纳入国民教育体系，从青少年抓起，在中小学设立法治知识课程。

健全普法宣传教育机制，各级党委和政府要加强对普法工作的领导，宣传、文化、教育部门和人民团体要在普法教育中发挥职能作用。实行国家机关“谁执法谁普法”的普法责任制，建立法官、检察官、

行政执法人员、律师等以案释法制度，加强普法讲师团、普法志愿者队伍建设。把法治教育纳入精神文明创建内容，开展群众性法治文化活动，健全媒体公益普法制度，加强新媒体新技术在普法中的运用，提高普法实效。

牢固树立有权力就有责任、有权利就有义务观念。加强社会诚信建设，健全公民和组织守法信用记录，完善守法诚信褒奖机制和违法失信行为惩戒机制，使尊法守法成为全体人民共同追求和自觉行动。

加强公民道德建设，弘扬中华优秀传统文化，增强法治的道德底蕴，强化规则意识，倡导契约精神，弘扬公序良俗。发挥法治在解决道德领域突出问题中的作用，引导人们自觉履行法定义务、社会责任、家庭责任。

（二）推进多层次多领域依法治理。坚持系统治理、依法治理、综合治理、源头治理，提高社会治理法治化水平。深入开展多层次多形式法治创建活动，深化基层组织和部门、行业依法治理，支持各类社会主体自我约束、自我管理。发挥市民公约、乡规民约、行业规章、团体章程等社会规范在社会治理中的积极作用。

发挥人民团体和社会组织在法治社会建设中的积极作用。建立健全社会组织参与社会事务、维护公共利益、救助困难群众、帮教特殊人群、预防违法犯罪的机制和制度化渠道。支持行业协会商会类社会组织发挥行业自律和专业服务功能。发挥社会组织对其成员的行为导引、规则约束、权益维护作用。加强在华境外非政府组织管理，引导和监督其依法开展活动。

高举民族大团结旗帜，依法妥善处置涉及民族、宗教等因素的社会问题，促进民族关系、宗教关系和谐。

（三）建设完备的法律服务体系。推进覆盖城乡居民的公共法律服务体系建设，加强民生领域法律服务。完善法律援助制度，扩大援助范围，健全司法救助体系，保证人民群众在遇到法律问题或者权利受到侵害时获得及时有效法律帮助。

发展律师、公证等法律服务业，统筹城乡、区域法律服务资源，发展涉外法律服务业。健全统一司法鉴定管理体制。

（四）健全依法维权和化解纠纷机制。强化法律在维护群众权益、化解社会矛盾中的权威地位，引导和支持人们理性表达诉求、依法维护权益，解决好群众最关心最直接最现实的利益问题。

构建对维护群众利益具有重大作用的制度体系，建立健全社会矛盾预警机制、利益表达机制、协商沟通机制、救济救助机制，畅通群众利益协调、权益保障法律渠道。把信访纳入法治化轨道，保障合理合法诉求依照法律规定和程序就能得到合理合法的结果。

健全社会矛盾纠纷预防化解机制，完善调解、仲裁、行政裁决、行政复议、诉讼等有机衔接、相互协调的多元化纠纷解决机制。加强行业性、专业性人民调解组织建设，完善人民调解、行政调解、司法调解联动工作体系。完善仲裁制度，提高仲裁公信力。健全行政裁决制度，强化行政机关解决同行政管理活动密切相关的民事纠纷功能。

深入推进社会治安综合治理，健全落实领导责任制。完善立体化社会治安防控体系，有效防范化解管控影响社会安定的问题，保障人民生命财产安全。依法严厉打击暴力恐怖、涉黑犯罪、邪教和黄赌毒等违法犯罪活动，绝不允许其形成气候。依法强化危害食品药品安全、影响安全生产、损害生态环境、破坏网络安全等重点问题治理。

六、加强法治工作队伍建设

全面推进依法治国，必须大力提高法治工作队伍思想政治素质、业务工作能力、职业道德水准，着力建设一支忠于党、忠于国家、忠于人民、忠于法律的社会主义法治工作队伍，为加快建设社会主义法治国家提供强有力的组织和人才保障。

（一）建设高素质法治专门队伍。把思想政治建设摆在首位，加强理想信念教育，深入开展社会主义核心价值观和社会主义法治理念教育，坚持党的事业、人民利益、宪法法律至上，加强立法队伍、行政执法队伍、司法队伍建设。抓住立法、执法、司法机关各级领导班子建设这个关键，突出政治标准，把善于运用法治思维和法治方式推动工作的人选拔到领导岗位上来。畅通立法、执法、司法部门干部和人才相互之间以及与其他部门具备条件的干部和人才交流渠道。

推进法治专门队伍正规化、专业化、职业化，提高职业素养和专业水平。完善法律职业准入制度，健全国家统一法律职业资格考试制度，建立法律职业人员统一职前培训制度。建立从符合条件的律师、法学专家中招录立法工作者、法官、检察官制度，畅通具备条件的军队转业干部进入法治专门队伍的通道，健全从政法专业毕业生中招录人才的规范便捷机制。加强边疆地区、民族地区法治专门队伍建设。加快建立符合职业特点的法治工作人员管理制度，完善职业保障体系，建立法官、检察官、人民警察专业职务序列及工资制度。

建立法官、检察官逐级遴选制度。初任法官、检察官由高级人民法院、省级人民检察院统一招录，一律在基层法院、检察院任职。上级人民法院、人民检察院的法官、检察官一般从下一级人民法院、人民检察院的优秀法官、检察官中遴选。

（二）加强法律服务队伍建设。加强律师队伍思想政治建设，把拥护中国共产党领导、拥护社会主义法治作为律师从业的基本要求，增强广大律师走中国特色社会主义法治道路的自觉性和坚定性。构建社会律师、公职律师、公司律师等优势互补、结构合理的律师队伍。提高律师队伍业务素质，完善执业保障机制。加强律师事务所管理，发挥律师协会自律作用，规范律师执业行为，监督律师严格遵守职业道德和职业操守，强化准入、退出管理，严格执行违法违规执业惩戒制度。加强律师行业党的建设，扩大党的工作覆盖面，切实发挥律师事务所党组织的政治核心作用。

各级党政机关和人民团体普遍设立公职律师，企业可设立公司律师，参与决策论证，提供法律意见，促进依法办事，防范法律风险。明确公职律师、公司律师法律地位及权利义务，理顺公职律师、公司律师管理体制机制。

发展公证员、基层法律服务工作者、人民调解员队伍。推动法律服务志愿者队伍建设。建立激励法律服务人才跨区域流动机制，逐步解决基层和欠发达地区法律服务资源不足和高端人才匮乏问题。

（三）创新法治人才培养机制。坚持用马克思主义法学思想和中国特色社会主义法治理论全方位占领高校、科研机构法学教育和法学研究阵地，加强法学基础理论研究，形成完善的中国特色社会主义法学理论体系、学科体系、课程体系，组织编写和全面采用国家统一的法律类专业核心教材，纳入司法考试必考范围。坚持立德树人、德育为先导向，推动中国特色社会主义法治理论进教材进课堂进头脑，培养造就熟悉和坚持中国特色社会主义法治体系的法治人才及后备力量。建设通晓国际法律规则、善于处理涉外法律事务的涉外法治人才队伍。

健全政法部门和法学院校、法学研究机构人员双向交流机制，实施高校和法治工作部门人员互聘计划，重点打造一支政治立场坚定、理论功底深厚、熟悉中国国情的高水平法学家和专家团队，建设高素质学术带头人、骨干教师、专兼职教师队伍。

七、加强和改进党对全面推进依法治国的领导

党的领导是全面推进依法治国、加快建设社会主义法治国家最根本的保证。必须加强和改进党对法治工作的领导，把党的领导贯彻到全面推进依法治国全过程。

（一）坚持依法执政。依法执政是依法治国的关键。各级党组织和领导干部要深刻认识到，维护宪法法律权威就是维护党和人民共同意志的权威，捍卫宪法法律尊严就是捍卫党和人民共同意志的尊严，保证宪法法律实施就是保证党和人民共同意志的实现。各级领导干部要对法律怀有敬畏之心，牢记法律红线不可逾越、法律底线不可触碰，带头遵守法律，带头依法办事，不得违法行使权力，更不能以言代法、以权压法、徇私枉法。

健全党领导依法治国的制度和工作机制，完善保证党确定依法治国方针政策和决策部署的工作机制和程序。加强对全面推进依法治国统一领导、统一部署、统筹协调。完善党委依法决策机制，发挥政策和法律的各自优势，促进党的政策和国家法律互联互动。党委要定期听取政法机关工作汇报，做促进公正司法、维护法律权威的表率。党政主要负责人要履行推进法治建设第一责任人职责。各级党委要领导和支持工会、共青团、妇联等人民团体和社会组织在依法治国中积极发挥作用。

人大、政府、政协、审判机关、检察机关的党组织和党员干部要坚决贯彻党的理论和路线方针政策，贯彻党委决策部署。各级人大、政府、政协、审判机关、检察机关的党组织要领导和监督本单位模范遵守宪法法律，坚决查处执法犯法、违法用权等行为。

政法委员会是党委领导政法工作的组织形式，必须长期坚持。各级党委政法委员会要把工作着力点放在把握政治方向、协调各方职能、统筹政法工作、建设政法队伍、督促依法履职、创造公正司法环境上，带头依法办事，保障宪法法律正确统一实施。政法机关党组织要建立健全重大事项向党委报告制度。加强政法机关党的建设，在法治建设中充分发挥党组织政治保障作用和党员先锋模范作用。

（二）加强党内法规制度建设。党内法规既是管党治党的重要依据，也是建设社会主义法治国家的有力保障。党章是最根本的党内法规，全党必须一体严格遵行。完善党内法规制定体制机制，加大党内法规备案审查和解释力度，形成配套完备的党内法规制度体系。注重党内法规同国家法律的衔接和协调，提高党内法规执行力，运用党内法规把党要管党、从严治党落到实处，促进党员、干部带头遵守国家法律法规。

党的纪律是党内规矩。党规党纪严于国家法律，党的各级组织和广大党员干部不仅要模范遵守国家法律，而且要按照党规党纪以更高标准严格要求自己，坚定理想信念，践行党的宗旨，坚决同违法乱纪行为作斗争。对违反党规党纪的行为必须严肃处理，对苗头性倾向性问题必须抓早抓小，防止小错酿成大错、违纪走向违法。

依纪依法反对和克服形式主义、官僚主义、享乐主义和奢靡之风，形成严密的长效机制。完善和严格执行领导干部政治、工作、生活待遇方面各项制度规定，着力整治各种特权行为。深入开展党风廉政建设和反腐败斗争，严格落实党风廉政建设党委主体责任和纪委监督责任，对任何腐败行为和腐败分子，必须依纪依法予以坚决惩处，决不手软。

（三）提高党员干部法治思维和依法办事能力。党员干部是全面推进依法治国的重要组织者、推动者、实践者，要自觉提高运用法治思维和法治方式深化改革、推动发展、化解矛盾、维护稳定能力，高级干部尤其要以身作则、以上率下。把法治建设成效作为衡量各级领导班子和领导干部工作实绩重要内容，纳入政绩考核指标体系。把能不能遵守法律、依法办事作为考察干部重要内容，在相同条件下，优先提拔使用法治素养好、依法办事能力强的干部。对特权思想严重、法治观念淡薄的干部要批评教育，不改正的要调离领导岗位。

（四）推进基层治理法治化。全面推进依法治国，基础在基层，工作重点在基层。发挥基层党组织在全面推进依法治国中的战斗堡垒作用，增强基层干部法治观念、法治为民的意识，提高依法办事能力。加强基层法治机构建设，强化基层法治队伍，建立重心下移、力量下沉的法治工作机制，改善基层基础设施和装备条件，推进法治干部下基层活动。

（五）深入推进依法治军从严治军。党对军队绝对领导是依法治军的核心和根本要求。紧紧围绕党在新形势下的强军目标，着眼全面加强军队革命化现代化正规化建设，创新发展依法治军理论和实践，构建完善的中国特色军事法治体系，提高国防和军队建设法治化水平。

坚持在法治轨道上积极稳妥推进国防和军队改革，深化军队领导指挥体制、力量结构、政策制度等方面改革，加快完善和发展中国特色社会主义军事制度。

健全适应现代军队建设和作战要求的军事法规制度体系，严格规范军事法规制度的制定权限和程序，将所有军事规范性文件纳入审查范围，完善审查制度，增强军事法规制度科学性、针对性、适用性。

坚持从严治军铁律，加大军事法规执行力度，明确执法责任，完善执法制度，健全执法监督机制，严格责任追究，推动依法治军落到实处。

健全军事法制工作体制，建立完善领导机关法制工作机构。改革军事司法体制机制，完善统一领导的军事审判、检察制度，维护国防利益，保障军人合法权益，防范打击违法犯罪。建立军事法律顾问制度，在各级领导机关设立军事法律顾问，完善重大决策和军事行动法律咨询保障制度。改革军队纪检监察体制。

强化官兵法治理念和法治素养，把法律知识学习纳入军队院校教育体系、干部理论学习和部队教育训练体系，列为军队院校学员必修课和部队官兵必学必训内容。完善军事法律人才培养机制。加强军事法治理论研究。

（六）依法保障“一国两制”实践和推进祖国统一。坚持宪法的最高法律地位和最高法律效力，全面准确贯彻“一国两制”、“港人治港”、“澳人治澳”、高度自治的方针，严格依照宪法和基本法办事，完善与基本法实施相关的制度和机制，依法行使中央权力，依法保障高度自治，支持特别行政区行政长官和政府依法施政，保障内地与香港、澳门经贸关系发展和各领域交流合作，防范和反对外部势力干预港澳事务，保持香港、澳门长期繁荣稳定。

运用法治方式巩固和深化两岸关系和平发展，完善涉台法律法规，依法规范和保障两岸人民关系、推进两岸交流合作。运用法律手段捍卫一个中国原则、反对“台独”，增进维护一个中国框架的共同认知，推进祖国和平统一。

依法保护港澳同胞、台湾同胞权益。加强内地同香港和澳门、大陆同台湾的执法司法协作，共同打击跨境违法犯罪活动。

（七）加强涉外法律工作。适应对外开放不断深化，完善涉外法律法规体系，促进构建开放型经济新体制。积极参与国际规则制定，推动依法处理涉外经济、社会事务，增强我国在国际法律事务中的话语权和影响力，运用法律手段维护我国主权、安全、发展利益。强化涉外法律服务，维护我国公民、法人在海外及外国公民、法人在我国的正当权益，依法维护海外侨胞权益。深化司法领域国际合作，完善我国司法协助体制，扩大国际司法协助覆盖面。加强反腐败国际合作，加大海外追赃追逃、遣返引渡力度。积极参与执法安全国际合作，共同打击暴力恐怖势力、民族分裂势力、宗教极端势力和贩毒走私、跨国有组织犯罪。

各级党委要全面准确贯彻本决定精神，健全党委统一领导和各方分工负责、齐抓共管的责任落实机制，制定实施方案，确保各项部署落到实处。

全党同志和全国各族人民要紧密团结在以习近平同志为总书记的党中央周围，高举中国特色社会主义伟大旗帜，积极投身全面推进依法治国伟大实践，开拓进取，扎实工作，为建设法治中国而奋斗！

新华社2014年10月28日电

中共中央政治局召开会议分析研究2016年经济工作研究部署城市工作

中共中央政治局12月14日召开会议，分析研究2016年经济工作，研究部署城市工作，审议通过《关于建立健全党和国家功勋荣誉表彰制度的意见》、《中国共产党地方委员会工作条例》、《关于实施全面两孩政策改革完善计划生育服务管理的决定》。中共中央总书记习近平主持会议。

会议认为，今年以来，党中央、国务院团结带领全国各族人民，主动适应经济发展新常态，妥善应对各种重大风险挑战，牢牢把握经济社会发展主动权，推动经济建设、政治建设、文化建设、社会建设、生态文明建设和党的建设取得重大进展。我国经济运行总体平稳，稳中有进、稳中有好，完成了今年主要目标任务，使“十二五”规划胜利收官、划上圆满句号，也为“十三五”时期发展顺利开局和到2020年实现全面建成小康社会奋斗目标奠定了坚实基础。

会议指出，2016年是全面建成小康社会决胜阶段的开局之年，做好经济工作十分重要。要全面贯彻党的十八大和十八届三中、四中、五中全会精神，加强和改善党对经济工作的领导，统筹国内国际两个大局，按照“五位一体”总体布局和“四个全面”战略布局的要求，牢固树立和贯彻落实创新、协调、绿色、开放、共享的发展理念，适应经济发展新常态，坚持改革开放，坚持稳中求进总基调，坚持稳增长、调结构、惠民生、防风险，实行宏观政策要稳、产业政策要准、微观政策要活、改革政策要实、社会政策要托底的总体思路，保持经济运行在合理区间，着力加强结构性改革，在适度扩大总需求的同时，提高供给体系质量和效率，提高投资有效性，加快培育新的发展动能，改造提升传统比较优势，增强持续增长动力，推动我国社会生产力水平整体改善，努力实现“十三五”发展的良好开局。

会议强调，2016年经济社会发展要抓住关键点、打好歼灭战。要深入实施创新驱动战略，推进大众创业、万众创新，增强发展动力和活力。要积极稳妥推进企业优胜劣汰，通过兼并重组、破产清算，实现市场出清。要帮助企业降低成本，包括降低制度性交易成本、企业税费负担、社会保险费、财务成本、电力价格、物流成本等，打出一套“组合拳”。要化解房地产库存，通过加快农民工市民化，推进以满足新市民为出发点的住房制度改革，扩大有效需求，稳定房地产市场。要扩大有效供给，保持有效投资力度，着力补齐短板。要防范化解金融风险，坚决守住不发生系统性和区域性金融风险的底线。要深化改革开放，继续深化简政放权、放管结合、优化服务，加大国企、财税、金融、社保等重要领域和关键环节改革力度，推出一批具有重大牵引作用的改革举措。要切实保障人民群众基本生活，保持社会和谐稳定。要抓好“一带一路”建设，促进国际产能合作，抓好重大标志性工程落地。要改善国内投资环境，保护外资企业合法权益，保护知识产权。

会议强调，城镇化是现代化的必由之路，既是经济发展的结果，又是经济发展的动力。要坚持把“三农”工作作为全党工作重中之重，同时要更加重视做好城市工作。要认识、尊重、顺应城市发展规律，端正城市发展指导思想。要推进农民工市民化，加快提高户籍人口城镇化率。要增强城市宜居性，引导调控城市规模，优化城市空间布局，加强市政基础设施建设，保护历史文化遗产。要改革完善城市规划，准确把握城市规划定位，加强对规划实施情况的监督。要提高城市管理水平，落实城市管理主体责任，改革城市管理体制，理顺各部门职责分工，严格安全监管，健全城市应急体系。

会议指出，党和国家功勋荣誉表彰制度是国家激励奖赏的一种制度性安排。一个人为党、国家和人民作出了功勋，具有崇高的精神风范，就应该给予很高的荣誉，得到全党全社会尊重。建立健全党和国家功勋荣誉表彰制度，对培育和弘扬社会主义核心价值观、增强中国特色社会主义事业凝聚力和感召力都具有重要意义。《意见》对党和国家功勋荣誉表彰制度作了整体设计，明确由勋章、荣誉称号、表彰奖励组成，并对评选、颁授和待遇等作出了相应规定，为做好功勋荣誉表彰工作提供了依据和遵循。在实施过程中要严格标准，坚持宁缺毋滥，确保经得起实践、人民、历史检验。

会议指出，地方党委制度是我们党执政治国的重要组织制度基础，完善这项制度是推进国家治理体系和治理能力现代化的重要方面。省市县 3 级地方党委作为本地区的领导核心，在贯彻落实党中央决策部署、推动党的奋斗目标的实现上居于关键位置、负有重大责任。地方党委工作必须加强，地方党委领导能力必须提高。《条例》坚持问题导向和改革精神，突出地方党委全面从严治党政治责任，健全地方党委发挥领导核心作用的制度基础，完善地方党委运行机制，是新形势下做好地方党委工作的基本遵循。中央有关部门和地方各级党委要全力抓好《条例》学习贯彻。地方各级党委要结合实际制定和完善工作规则。上级党委要加强对《条例》贯彻执行情况的督促检查，确保《条例》各项要求落到实处。

会议认为，我们党高度重视人口和计划生育工作，坚持人口与发展综合决策，不断完善计划生育政策。经过长期努力，我国人口过快增长的势头得到有效控制，妇女儿童发展状况极大改善，人口素质明显提高。实施全面两孩政策、改革完善计划生育服务管理，是促进人口均衡发展的重大举措，有利于优化人口结构、增加劳动力供给、减缓人口老龄化压力，有利于更好落实计划生育基本国策，促进家庭幸福与社会和谐。要坚持计划生育基本国策，统筹推进生育政策、服务管理制度、家庭发展支持体系和治理机制综合改革。要依法组织实施全面两孩政策，完善生育登记服务制度，统筹好卫生计生、教育、社会保障、就业等政策措施，合理配置公共服务资源，加强妇幼保健能力建设，加强妇幼保健医护人员培养，全面提高计划生育服务管理水平。要加大对计划生育家庭扶助力度，解决好计划生育特殊家庭保障等问题。要落实责任、加强协作，做好宣传和舆论引导，严格控制政策外多孩生育，维护良好生育秩序。

新华社 2015 年 12 月 14 日电

中央城市工作会议在北京举行
习近平李克强作重要讲话

中央城市工作会议12月20日至21日在北京举行。中共中央总书记、国家主席、中央军委主席习近平，中共中央政治局常委、国务院总理李克强，中共中央政治局常委、全国人大常委会委员长张德江，中共中央政治局常委、全国政协主席俞正声，中共中央政治局常委、中央书记处书记刘云山，中共中央政治局常委、中央纪委书记王岐山，中共中央政治局常委、国务院副总理张高丽出席会议。

习近平在会上发表重要讲话，分析城市发展面临的形势，明确做好城市工作的指导思想、总体思路、重点任务。李克强在讲话中论述了当前城市工作的重点，提出了做好城市工作的具体部署，并作总结讲话。

会议指出，我国城市发展已经进入新的发展时期。改革开放以来，我国经历了世界历史上规模最大、速度最快的城镇化进程，城市发展波澜壮阔，取得了举世瞩目的成就。城市发展带动了整个经济社会发展，城市建设成为现代化建设的重要引擎。城市是我国经济、政治、文化、社会等方面活动的中心，在党和国家工作全局中具有举足轻重的地位。我们要深刻认识城市在我国经济社会发展、民生改善中的重要作用。

会议强调，当前和今后一个时期，我国城市工作的指导思想是：全面贯彻党的十八大和十八届三中、四中、五中全会精神，以邓小平理论、“三个代表”重要思想、科学发展观为指导，贯彻创新、协调、绿色、开放、共享的发展理念，坚持以人为本、科学发展、改革创新、依法治市，转变城市发展方式，完善城市治理体系，提高城市治理能力，着力解决城市病等突出问题，不断提升城市环境质量、人民生活质量、城市竞争力，建设和谐宜居、富有活力、各具特色的现代化城市，提高新型城镇化水平，走出一条中国特色城市发展道路。

会议指出，城市工作是一个系统工程。做好城市工作，要顺应城市工作新形势、改革发展新要求、人民群众新期待，坚持以人民为中心的发展思想，坚持人民城市为人民。这是我们做好城市工作的出发点和落脚点。同时，要坚持集约发展，框定总量、限定容量、盘活存量、做优增量、提高质量，立足国情，尊重自然、顺应自然、保护自然，改善城市生态环境，在统筹上下功夫，在重点上求突破，着力提高城市发展持续性、宜居性。

第一，尊重城市发展规律。城市发展是一个自然历史过程，有其自身规律。城市和经济发展两者相辅相成、相互促进。城市发展是农村人口向城市集聚、农业用地按相应规模转化为城市建设用地的过程，人口和用地要匹配，城市规模要同资源环境承载能力相适应。必须认识、尊重、顺应城市发展规律，端正城市发展指导思想，切实做好城市工作。

第二，统筹空间、规模、产业三大结构，提高城市工作全局性。要在《全国主体功能区规划》、《国家新型城镇化规划（2014—2020年）》的基础上，结合实施“一带一路”建设、京津冀协同发展、长江经济带建设等战略，明确我国城市发展空间布局、功能定位。要以城市群为主体形态，科学规划城市空间布局，实现紧凑集约、高效绿色发展。要优化提升东部城市群，在中西部地区培育发展一批城市群、区域性中心城市，促进边疆中心城市、口岸城市联动发展，让中西部地区广大群众在家门口也能分享城镇化成果。各城市要结合资源禀赋和区位优势，明确主导产业和特色产业，强化大中小城市和小城镇产业协作协同，逐步形成横向错位发展、纵向分工协作的发展格局。要加强创新合作机制建设，构建开放高效的创新资源共享网络，以协同创新牵引城市协同发展。我国城镇化必须同农业现代化同步发展，城市工作必须同“三农”工作一起推动，形成城乡发展一体化的新格局。

第三，统筹规划、建设、管理三大环节，提高城市工作的系统性。城市工作要树立系统思维，从构成城市诸多要素、结构、功能等方面入手，对事关城市发展的重大问题进行深入研究和周密部署，系统推进各方面工作。要综合考虑城市功能定位、文化特色、建设管理等多种因素来制定规划。规划编制要接地气，可邀请被规划企事业单位、建设方、管理方参与其中，还应该邀请市民共同参与。要在规划理念和方法上不断创新，增强规划科学性、指导性。要加强城市设计，提倡城市修补，加强控制性详细规划的公开性和强制性。要加强对城市的空间立体性、平面协调性、风貌整体性、文脉延续性等方面的规划和管控，留住城市特有的地域环境、文化特色、建筑风格等“基因”。规划经过批准后要严格执行，一茬接一茬干下去，防止出现换一届领导、改一次规划的现象。抓城市工作，一定要抓住城市管理和服务这个重点，不断完善城市管理和服务，彻底改变粗放型管理方式，让人民群众在城市生活得更方便、更舒心、更美好。要把安全放在第一位，把住安全关、质量关，并把安全工作落实到城市工作和城市发展各个环节各个领域。

第四，统筹改革、科技、文化三大动力，提高城市发展持续性。城市发展需要依靠改革、科技、文化三轮驱动，增强城市持续发展能力。要推进规划、建设、管理、户籍等方面的改革，以主体功能区规划为基础统筹各类空间性规划，推进“多规合一”。要深化城市管理体制改革，确定管理范围、权力清单、责任主体。推进城镇化要把促进有能力在城镇稳定就业和生活的常住人口有序实现市民化作为首要任务。要加强对农业转移人口市民化的战略研究，统筹推进土地、财政、教育、就业、医疗、养老、住房保障等领域配套改革。要推进城市科技、文化等诸多领域改革，优化创新创业生态链，让创新成为城市发展的主动力，释放城市发展新动能。要加强城市管理数字化平台建设和功能整合，建设综合性城市管理数据库，发展民生服务智慧应用。要保护弘扬中华优秀传统文化，延续城市历史文脉，保护好前人留下的文化遗产。要结合自己的历史传承、区域文化、时代要求，打造自己的城市精神，对外树立形象，对内凝聚人心。

第五，统筹生产、生活、生态三大布局，提高城市发展的宜居性。城市发展要把握好生产空间、生活空间、生态空间的内在联系，实现生产空间集约高效、生活空间宜居适度、生态空间山清水秀。城市工作要把创造优良人居环境作为中心目标，努力把城市建设成为人与人、人与自然和谐共处的美丽家园。要增强城市内部布局的合理性，提升城市的通透性和微循环能力。要深化城镇住房制度改革，继续完善住房保障体系，加快城镇棚户区和危房改造，加快老旧小区改造。要强化尊重自然、传承历史、绿色低碳等理念，将环境容量和城市综合承载能力作为确定城市定位和规模的基本依据。城市建设要以自然为美，把好山好水好风光融入城市。要大力开展生态修复，让城市再现绿水青山。要控制城市开发强度，划定水体保护线、绿地系统线、基础设施建设控制线、历史文化保护线、永久基本农田和生态保护红线，防止“摊大饼”式扩张，推动形成绿色低碳的生产生活方式和城市建设运营模式。要坚持集约发展，树立“精明增长”、“紧凑城市”理念，科学划定城市开发边界，推动城市发展由外延扩张式向内涵提升式转变。城市交通、能源、供排水、供热、污水、垃圾处理等基础设施，要按照绿色循环低碳的理念进行规划建设。

第六，统筹政府、社会、市民三大主体，提高各方推动城市发展的积极性。城市发展要善于调动各方面的积极性、主动性、创造性，集聚促进城市发展正能量。要坚持协调协同，尽最大可能推动政府、社会、市民同心同向行动，使政府有形之手、市场无形之手、市民勤劳之手同向发力。政府要创新城市治理方式，特别是要注意加强城市精细化管理。要提高市民文明素质，尊重市民对城市发展决策的知情权、参与权、监督权，鼓励企业和市民通过各种方式参与城市建设、管理，真正实现城市共治共管、共建共享。

会议强调，做好城市工作，必须加强和改善党的领导。各级党委要充分认识城市工作的重要地位和作用，主要领导要亲自抓，建立健全党委统一领导、党政齐抓共管的城市工作格局。要推进城市管理机构改革，创新城市工作体制机制。要加快培养一批懂城市、会管理的干部，用科学态度、先进理念、专业知识去规划、建设、管理城市。要全面贯彻依法治国方针，依法规划、建设、治理城市，促进城市治理体系和治理能力现代化。要健全依法决策的体制机制，把公众参与、专家论证、风险评估等确定为城市重大决策的法定程序。要深入推进城市管理和执法体制改革，确保严格规范公正文明执法。

会议指出，城市是我国各类要素资源和经济社会活动最集中的地方，全面建成小康社会、加快实现现代化，必须抓好城市这个“火车头”，把握发展规律，推动以人为核心的新型城镇化，发挥这一扩大内需的最大潜力，有效化解各种“城市病”。要提升规划水平，增强城市规划的科学性和权威性，促进“多规合一”，全面开展城市设计，完善新时期建筑方针，科学谋划城市“成长坐标”。要提升建设水平，加强城市地下和地上基础设施建设，建设海绵城市，加快棚户区和危房改造，有序推进老旧住宅小区综合整治，力争到2020年基本完成现有城镇棚户区、城中村和危房改造，推进城市绿色发展，提高建筑标准和工程质量，高度重视做好建筑节能。要提升管理水平，着力打造智慧城市，以实施居住证制度为抓手推动城镇常住人口基本公共服务均等化，加强城市公共管理，全面提升市民素质。推进改革创新，为城市发展提供有力的体制机制保障。

会议号召，城市工作任务艰巨、前景光明，我们要开拓创新、扎实工作，不断开创城市发展新局面，为实现全面建成小康社会奋斗目标、实现中华民族伟大复兴的中国梦作出新的更大贡献。

中共中央政治局委员、中央书记处书记，全国人大常委会有关领导同志，国务委员，最高人民法院院长，最高人民检察院检察长，全国政协有关领导同志以及中央军委委员等出席会议。

各省、自治区、直辖市和计划单列市、新疆生产建设兵团党政主要负责同志和城市工作负责同志，中央和国家机关有关部门主要负责同志，中央管理的部分企业和金融机构负责同志，军队及武警部队有关负责同志参加会议。

新华社2015年12月22日电

下篇

如何构建城市管理大部门体制机制

一、各级党委、政府在构建城市管理大部门体制机制工作中的主要职责与主要任务

构建城市管理大部门体制机制，是学习贯彻落实《中共中央 国务院关于深入推进城市执法体制改革改进城市管理工作的指导意见》的首要工作。只有构建好城市管理大部门体制机制，《中共中央 国务院关于深入推进城市执法体制改革改进城市管理工作的指导意见》才能落到实处。

明晰各级党委、政府在构建城市管理大部门体制机制工作中的主要职责与主要任务，是构建城市管理大部门体制机制的核心工作。只有明晰各级党委、政府在构建城市管理大部门体制机制工作中的主要职责与主要任务，才能够构建好科学合理、高效运转的城市管理大部门体制机制。

各级党委、政府应当不折不扣履行好相应职责，完成好工作任务，全面落实好《中共中央 国务院关于深入推进城市执法体制改革改进城市管理工作的指导意见》各项要求。

（一）中央的主要职责与主要任务

1．全国人民代表大会常务委员会

（1）建议将《中华人民共和国城市综合管理法》纳入立法工作规划，牵头启动立法调研工作，全力推进《中华人民共和国城市综合管理法》尽快出台，为实现“法治城管”奠定基础前提。

（2）建议每年组织一次《中华人民共和国城市综合管理法》执法大检查，推动各级党委、政府认真贯彻落实《中华人民共和国城市综合管理法》。

（3）建议组织设区市进行城市管理立法工作经验交流，指导全国

设区市人民代表大会常务委员会做好本市城市管理立法工作。

2．国务院

（1）应审定批准住房和城乡建设部设立“城市管理司”的三定方案，确立住房和城乡建设部全国城市综合管理与行政执法系统中央主管部门法定地位。

（2）应授权住房和城乡建设部作为“国务院城市管理工作部际联席会议”召集牵头部门，必要时召集中央编办、国务院法制办、财政部、公安部、教育部、人力资源和社会保障部、民政部、环境保护部、科技部、工商总局等有关部门和单位召开“部际联席会议”，商定有关事项。

（3）应审定批准住房和城乡建设部送审的全国城市综合管理与行政执法系统统一标识、服饰图案，统一全国城市管理执法队伍视觉形象。

（4）必要时，应以国务院办公厅的名义印发住房和城乡建设部拟订的全国性城市综合管理与行政执法工作指导文件，不断改进、规范全国各地城市管理执法工作。

（5）应配合全国人民代表大会常务委员会做好《中华人民共和国城市综合管理法》立法工作，推动《中华人民共和国城市综合管理法》尽快出台。

3．住房和城乡建设部

（1）建议组建城市管理司，三定方案报国务院批准后执行，全面履行全国城市综合管理与行政执法系统中央主管部门职责。

（2）建议依托部城市管理司设立“国务院城市管理工作部际联席会议办公室”，与城市管理司两块牌子、一套班子，统筹落实“国务院城市管理工作部际联席会议”的各项决定。

（3）应组织审订全国城市综合管理与行政执法系统统一标志、服饰图案，报国务院批准后实施，规范完善城市管理执法队伍形象。

（4）建议牵头组建“中国城市综合管理与行政执法行业协会”，促进行业自律规范与工作经验交流，并推动全民参与支持城市管理执法工作。

（5）建议委托我国目前唯一拥有城市管理专业学士、硕士、博士、博士后完整人才培养体系的浙江财经大学牵头组建“中国城市管理学会”“全国城市管理干部培训中心”，发展繁荣城市管理科学，强化全国城市管理干部培养，全面提升我国城市管理干部专业素质。

（6）应配合全国人民代表大会常务委员会做好《中华人民共和国城市综合管理法》立法工作，推动《中华人民共和国城市综合管理法》尽快出台，并在《中华人民共和国城市综合管理法》出台后贯彻实施。

（7）建议组织编写出版《中国城市管理丛书》，促进我国城市管理学术文化建设。

（8）建议继续指导办好和谐城管网（www.hexiechengguan.net），进一步做好全国城市综合管理与行政执法系统信息平台建设，加强城市管理执法系统与社会公众及新闻媒体的互动交流，倡导社会舆论“亲民服务、文明执法、和谐城管”主旋律。

（9）应牵头组织城市综合管理与行政执法系统工作规范标准的研究起草工作，报请国务院或有关专业机构批准后实施，促进我国城市管理执法系统规范化、标准化、正规化建设。

（10）建议组织拟订城市管理执法官、城市管理师等城市管理执法系统专业岗位任职资格、晋升办法，报国家人力资源行政主管部门批准后实施，推进我国城市管理执法队伍职业化、专业化建设。

（11）建议邀请已经教育部批准开设城市管理专业的北京大学、中国人民大学、中央财经大学、南开大学、浙江财经大学等五所大学的城市管理专家教授，国家行政学院、中国政法大学、中央民族大学的行政法学专家教授，以及中央有关部门政策研究专家，共同组建“国家城市管理专家委员会”，必要时为中央城市管理科学决策提供咨询服务，促进城市管理决策科学化。

4．中央编办

（1）应审订住房和城乡建设部“城市管理司”三定方案，报国务院批准，确保住房和城乡建设部全国城市综合管理与行政执法系统中央主管部门机构到位、人员到位、职能到位。

（2）建议与住房和城乡建设部联合发文，对各级政府城市管理执法主体机构编制、人员编制、主要职能提出具体明确要求，确保全国各级政府城市管理执法主体机构编制、人员编制、行政职能大致规范统一。

（3）应参加“国务院城市管理工作部际联席会议”集体决策机制，并落实好中央编办应当承担的工作。

5．国务院法制办

（1）应指导全国各级政府城市管理执法主体做好行政许可、行政处罚、行政强制规范化工作，推动城市管理执法系统依法行政，促进城市管理执法亲民、文明、和谐。

（2）应配合全国人民代表大会常务委员会做好《中华人民共和国城市综合管理法》立法工作，推动《中华人民共和国城市综合管理法》尽快出台。

（3）应指导中国法学会行政法学研究会城市管理执法专业委员会开展城市管理行政法学研究与交流，探索城市管理执法的科学规律。

（4）应参加“国务院城市管理工作部际联席会议”集体决策机制，并落实好国务院法制办应当承担的工作。

6．财政部

（1）应将中央各部门涉及城市管理的工作经费纳入财政预算，确保中央各部门做好城市管理相关工作。

（2）建议与住房和城乡建设部、监察部、审计署联合发文，明确要求各级政府将城市管理执法工作经费全额纳入财政预算，并强调应将城市管理执法机关专用车辆购置费和城市管理执法人员统一服饰置装费、城市管理执法人员户外执勤津贴费和加班费、岗位培训费等一并全额纳入财政预算。

（3）应参加“国务院城市管理工作部际联席会议”集体决策机制，并落实好财政部应当承担的工作。

7．公安部

（1）建议与住房和城乡建设部联合发文，要求县（市、区、旗）城市管理执法机关、公安机关组建常态化“城市管理＋公安＋交警联合执法队”，并在县（市、区、旗）城市综合管理与行政执法局设立“城市管理公安派出所”，第一时间依法处置城市管理执法工作中妨碍公务、暴力抗法、暴力执法问题，该拘留的立即拘留，为城市管理执法营造良好的法治环境，彻底解决城市管理执法暴力执法、暴力抗法事件频发的问题。

（2）应参加“国务院城市管理工作部际联席会议”集体决策机制，并落实好公安部应当承担的工作。

8．教育部

（1）建议牵头组织“教育部城市管理专业教学指导委员会”，加强城市管理专业师资队伍建设、专业课程体系建设、重点教材建设、科研支持力度，积极促进城市管理学科发展，全面提升城市管理专业本科生、研究生培养质量。

（2）应参加“国务院城市管理工作部际联席会议”集体决策机制，并落实好教育部应当承担的工作。

9．人力资源和社会保障部

（1）建议将“城市管理执法官”“城市管理师”纳入我国专业技术职称评聘工作体系，并与住房和城乡建设部共同颁布“城市管理执法官”“城市管理师”专业技术职称系统设立与晋升办法。

（2）建议与住房和城乡建设部共同发文，每年表彰一批“全国城市管理工作先进单位”“全国城市管理先进工作者”。

（3）应参加“国务院城市管理工作部际联席会议”集体决策机制，并落实好人力资源和社会保障部应当承担的工作。

10．民政部

（1）建议与住房和城乡建设部共同发文，建立健全无家可归流浪人员和乞讨人员城市管理与民政部门无缝对接救助联动机制，确保无家可归流浪人员和乞讨人员及时得到救助，平安回家。

（2）建议及时依法审批成立“中国城市综合管理与行政执法行业协会”“中国城市管理学会”，并指导办好这两个城市管理系统社会团体。

（3）应参加“国务院城市管理工作部际联席会议”集体决策机制，并落实好民政部应当承担的工作。

11．环境保护部

（1）建议与住房和城乡建设部共同发文，要求县（市、区、旗）

人民政府城市管理执法机关、环保执法机关共同组建“城市管理环保联合执法中队”，依法各司其职、各尽其责，彻底解决城镇居民投诉最多的油烟扰民、噪音扰民、异味扰民问题。

（2）应参加“国务院城市管理工作部际联席会议”集体决策机制，并落实好环境保护部应当承担的工作。

12．国家工商总局

（1）建议个体私营经济监督管理司部分工作人员带编制划转到住房和城乡建设部城市管理司，组建“流动商贩管理指导处”，规范全国城镇流动商贩管理，彻底解决社会各界非议最多的城镇流动商贩管理矛盾冲突十分尖锐的问题。

（2）应参加“国务院城市管理工作部际联席会议”集体决策机制，并落实好国家工商总局应当承担的工作。

13．中共中央政法委

（1）建议在中共中央政法委机关报《法制日报》社设立“中国城市管理法治研究中心”，整合政法系统学术力量，支持做好城市管理立法和城市管理执法规范化工作。必要时，成立“中国城市管理法学研究会”。

（2）建议各级党委政法委系统加强对城市管理执法系统的法治监督，中共中央政法委机关报《法制日报》加强对城市管理执法系统的舆论监督，防止城市管理执法系统枉法滥权。

14．国务院其他部门和有关单位

应根据工作需要参加“国务院城市管理工作部际联席会议”集体决策机制，并落实好本部门、本单位应当承担的工作。

（二）省、自治区的主要职责与主要任务

（1）应全面落实中共中央、国务院、中央有关部门有关城市管理工作的各项工作部署，制定本省、自治区城市管理工作发展规划并组织实施。

（2）应组建省、自治区住房和城乡建设厅“城市管理处”，建立常态化“省（自治区）人民政府城市管理工作厅局联席会议”制度。

（3）已经组建省、自治区住房和城乡建设厅“城市管理处”的，建议参照《中央的主要职责与主要任务》要求，调整完善相应工作职能。

（4）常住人口人均 GDP 一万美元以上、户籍人口城市化率 70% 以上的省、自治区，建议组建“城市管理局”，作为省、自治区住房和城乡建设厅二级局，副厅级建制，全面强化本省、自治区城市管理工作。

（5）《中华人民共和国城市综合管理法》出台后，应制定颁布本省、自治区《＜中华人民共和国城市综合管理法＞实施细则》，推进落实实施《中华人民共和国城市综合管理法》。

（6）应表彰奖励本省、自治区“城市管理工作先进单位”“城市管理先进工作者”，并向中央推荐“全国城市管理工作先进单位”“全国城市管理先进工作者”。

（7）建议组织成立本省、自治区“城市综合管理与行政执法行业协会”“城市管理学会”，并作为团体会员加入“中国城市综合管理与行政执法行业协会”“中国城市管理学会”。

（8）应指导本省、自治区各市、县、区、旗城市综合管理与行政执法局的工作。

（9）建议浙江省人民政府与住房和城乡建设部共建“全国城市管理干部培训中心”，设在浙江财经大学，教学办公用房由浙江财经大学提供，教工干部编制和所需经费由浙江省人民政府纳入财政预算予以解决。

（三）城市的主要职责与主要任务

本书所指城市，包括中央直辖市、计划单列市、省会首府城市、地级城市、县级城市以及将来新增的镇级城市等各级、各类设市城市。

（1）建议组建成立统筹协调议事机构“市人民政府城市规划建设管理委员会”，统筹协调城市规划、建设、管理三大环节工作，实现无缝对接，彻底解决城市规划、建设、管理三大环节工作长期脱节问题。

（2）建议组建成立政府组成部门行政机关“城市综合管理与行政执法局”，作为城市管理执法主体，彻底解决部分城市城市管理执法主体长期不适格问题。原来分设城市管理局、城市管理行政执法局等多块牌子的，建议统一撤并规范为“城市综合管理与行政执法局”一块牌子。

（3）建议组建成立“市人民政府城市规划建设管理委员会”城市管理工作办公室，设在“城市综合管理与行政执法局”，作为代表市政府统筹、协调、督察、考核、赏罚全市城市管理工作的日常办事机构，彻底解决涉及城市管理的相关部门、单位公务协助衔接不到位的问题。

（4）建议组建成立“市人民政府城市综合管理指挥中心”，设在“城市综合管理与行政执法局”，作为市政府统筹指挥全市城市管理工作的总抓手，是城市网格化、数字化管理的“司令部”，是智慧城市建设的重要组成部分，实现城市管理一盘棋、管到底、规范化。

（5）建议加强城市管理执法队伍建设，统筹解决“城市综合管理与行政执法局”各类人员编制职数，尤其是优先足额保证执法岗位公务员或参公人员编制职数，彻底解决部分城市城市管理执法人员长期不适格问题，并做好城市管理执法人员岗位培训与继续教育，不断提高城市管理执法人员素质，实现城市管理执法队伍职业化、专业化。

（6）建议设区城市依照《中华人民共和国立法法》授权，制定本城市《城市综合管理办法》，作为本城市城市管理大法，下辖市、县、区、旗参照执行，彻底解决城市管理执法长期法律缺失的问题。《中华人民共和国城市综合管理法》出台后，各城市可再参照修订。

（7）应将“城市综合管理与行政执法局”办公费、人头费、培训费、装备费、科研费、户外执勤津贴费、加班补助费等所需经费全额纳入财政预算，收支两条线，杜绝执法经济，实现公平、公正、公开执法。

（8）建议参照法律法规和中央要求，结合本城市经济水平、区域环境、人文风俗，编订本城市《城市综合管理与行政执法工作规范》，作为本城市所有城市管理执法人员共同遵循的依据，实现城市综合管理与行政执法工作全面规范化。

（9）国务院确定城市管理执法统一标识、服饰图案后，应通过政府采购招标程序，在定点生产厂家采购城市管理执法统一标识、服饰，实现城市管理执法标识、服饰统一。

（10）应通过政府采购招标程序，依法采购城市管理执法装备与技术服务，为城市管理执法现代化、规范化提供必要的装备和技术保障。

（11）建议组建成立本城市“城市综合管理与行政执法行业协会”，加强工作经验总结交流，规范行业自律管理，并作为团体会员加入“中国城市综合管理与行政执法行业协会”和本省、自治区“城市综合管理与行政执法行业协会”。

（12）建议组建成立本城市“城市管理志愿者协会”，团结社会各界参与支持城市管理工作，促进社会和谐，并作为团体会员加入“中国城市综合管理与行政执法行业协会”和本省、自治区“城市综合管理与行政执法行业协会”。

（13）建议中央直辖市委托一所大学或研究机构组建成立本城市“城市管理学会”，并作为团体会员加入“中国城市管理学会”“中国城市综合管理与行政执法行业协会”。

（14）建议县级市在“城市综合管理与行政执法局”设立有办案权的市公安局“城市管理公安派出所”，并组建成立本市常态化“城市管理 + 公安 + 交警”联合执法队（地级以上城市不组建），每日上街执勤，各司其责，紧密配合，第一时间处置城市管理执法工作中妨碍公务、暴力抗法、暴力执法问题，该拘留的立即拘留，为城市管理执法营造良好的法治环境，彻底解决城市管理执法暴力执法、暴力抗法事件频发的问题。

（15）应办好城市管理执法局网站、微博、微信等新媒体平台，促进阳光执法，及时回应公众关切，团结传媒和公众，为城市管理执法工作营造良好舆论氛围。

（四）城区的主要职责与主要任务

本书所指城区，主要是指设区城市下辖的设立人民政府的行政区划，兼顾各级各类设立管理委员会履行部分政府职能的经济区划如开发区、保护区、风景区、工业园区等。

（1）建议组建成立统筹协调议事机构“区人民政府城市规划建设管理委员会”，统筹协调城市规划、建设、管理三大环节工作，实现无缝对接，彻底解决城市规划、建设、管理三大环节工作长期脱节问题。

（2）建议组建成立政府组成部门行政机关“市城市综合管理与行政执法局”本区分局，中山、东莞等不设区地级市的乡镇街道参照城区设置，作为城市管理执法主体，彻底解决部分城市城市管理执法主体长期不适格问题。建议城区政府、管委会不独立设置“城市综合管理与行政执法局”，已经设立独立局的，统一规范改名为“市城市综合管理与行政执法局”本区分局。

（3）建议组建成立“区人民政府城市规划建设管理委员会”城市管理工作办公室，设在“市城市综合管理与行政执法局”本区分局，作为代表区政府统筹、协调、督察、考核、赏罚全市城市管理工作的日常办事机构，彻底解决涉及城市管理的相关部门、单位公务协助衔接不到位的问题。

（4）建议建立“市人民政府城市综合管理指挥中心”本区信息终端值班指挥大厅，设在“市城市综合管理与行政执法局”本区分局，及时处理涉及本区城市管理工作的领导指示、网格员上报的问题和公众投诉、舆情反映的问题，并作为区政府统筹指挥全区城市管理工作的总抓手，是城市网格化、数字化管理的“司令部”，是智慧城市建设的重要组成部分，实现城市管理一盘棋、管到底、规范化。

（5）建议加强城市管理执法队伍建设，统筹解决“市城市综合管理与行政执法局”本区分局各类人员编制职数，尤其是优先足额保证执法岗位公务员或参公人员编制职数，彻底解决部分城市城市管理执法人员长期不适格问题，并做好城市管理执法人员岗位培训与继续教育，不断提高城市管理执法人员素质，实现城市管理执法队伍职业化、专业化。

（6）应将“市城市综合管理与行政执法局”本区分局办公费、人头费、培训费、装备费、科研费、户外执勤津贴费、加班费等所需经费全额纳入财政预算，收支两条线，杜绝执法经济，实现公平、公正、公开执法。

（7）国务院确定城市管理执法统一标识服饰图案后，应通过政府采购招标程序，在定点生产厂家采购城市管理执法统一标识服饰，实现城市管理执法标识服饰统一。

（8）应通过政府采购招标程序，依法采购城市管理执法装备与技术服务，为城市管理执法现代化、规范化提供必要的装备和技术保障。

（9）建议在“市城市综合管理与行政执法局”本区分局设立有办案权的区公安分局“城市管理公安派出所”，并组建成立常态化本区“城市管理 + 公安 + 交警”联合执法队，每日上街执勤，各司其责，紧密配合，第一时间处置城市管理执法工作中妨碍公务、暴力抗法、暴力执法问题，该拘留的立即拘留，为城市管理执法营造良好的法治环境，彻底解决城市管理执法暴力执法、暴力抗法事件频发的问题。

（10）建议组建成立本区“城市管理志愿者协会”，团结社会各界参与支持城市管理工作，促进社会和谐，并作为团体会员加入“中国城市综合管理与行政执法行业协会”和本省、自治区、设区市“城市综合管理与行政执法行业协会”。

（11）应办好“市城市综合管理与行政执法局”本区分局网站、微博、微信等新媒体平台，促进阳光执法，及时回应公众关切，团结传媒和公众，为城市管理执法工作营造良好舆论氛围。

（五）县、旗的主要职责与主要任务

（1）建议组建成立统筹协调议事机构“县（旗）人民政府城市规划建设管理委员会”，统筹协调城市规划、建设、管理三大环节工作，实现无缝对接，彻底解决城市规划、建设、管理三大环节工作长期脱节问题。

（2）县城常住人口 10 万人以上的县、旗，建议组建成立政府组成部门行政机关“城镇综合管理与行政执法局”，作为城市管理执法主体，彻底解决部分县、旗城市管理执法主体长期不适格问题。县城常住人口 10 万人以下的县、旗，建议组建“住房和城乡规划建设管理局”，规划、建设、管理三大环节工作一体化管理，并作为城市管理执法主体。在“住房和城乡规划建设管理局”下设副科级事业单位“城镇综合管理与行政执法大队”，不具备执法主体资格，接受“住房和城乡规划建设管理局”等行政机关委托执法。

（3）建议组建成立“县（旗）人民政府城市规划建设管理委员会”

城镇管理工作办公室，设在“城镇综合管理与行政执法局”或“城镇综合管理与行政执法大队”，作为代表县（旗）政府统筹、协调、督察、考核、赏罚全市城市管理工作的日常办事机构，彻底解决涉及城市管理的相关部门、单位公务协助衔接不到位的问题。

（4）建议建立“县（旗）人民政府城市综合管理指挥中心”，设在“城镇综合管理与行政执法局”或“城镇综合管理与行政执法大队”，作为县（旗）政府统筹指挥全县（旗）城市管理工作的总抓手，是城市网格化、数字化管理的“司令部”，是智慧城市建设的重要组成部分，实现城市管理一盘棋、管到底、规范化。

（5）建议加强城市管理执法队伍建设，统筹解决“城镇综合管理与行政执法局”各类人员编制职数，尤其是优先足额保证执法岗位公务员或参公人员编制职数，彻底解决部分城市城市管理执法人员长期不适格问题，并做好城市管理执法人员岗位培训与继续教育，不断提高城市管理执法人员素质，实现城市管理执法队伍职业化、专业化。“城镇综合管理与行政执法大队”人员编制以事业编制为主体，但签发行政处罚法律文书的工作人员必须是公务员编制或参公人员编制，并通过考试获得省级人民政府颁发的《行政执法证》。

（6）应将“城镇综合管理与行政执法局”或“城镇综合管理与行政执法大队”办公费、人头费、培训费、置装费、装备费、科研费、户外执勤津贴费、加班费等所需经费全部纳入财政预算，收支两条线，杜绝执法经济，实现公平、公正、公开执法。

（7）国务院确定城市管理执法统一标志服饰图案后，应通过政府采购招标程序，在定点生产厂家采购城市管理执法统一标志服饰，实现城市管理执法标志服饰统一。

（8）应通过政府采购招标程序，依法采购城市管理执法装备与技术服务，为城市管理执法现代化、规范化提供必要的装备和技术保障。

（9）建议在“城镇综合管理与行政执法局”或“城镇综合管理与行政执法大队”设立有办案权的县（旗）公安局“城市管理公安派出所”，并组建成立常态化本县、旗“城市管理 + 公安 + 交警”联合执法队，每日执勤，各司其责，紧密配合，第一时间处置城市管理执法工作中妨碍公务、暴力抗法、暴力执法问题，该拘留的立即拘留，为城市管理执法营造良好的法治环境，彻底解决城市管理执法暴力执法、暴力抗法事件频发的问题。

（10）建议组建成立本县、旗“城镇管理志愿者协会”，团结社会各界参与支持城镇管理工作，促进社会和谐，并作为团体会员加入“中国城市管理与行政执法行业协会”和本省、自治区、设区市“城市管理与行政执法行业协会”。

（11）应办好本县、旗城市管理网站、微博、微信等新媒体平台，促进阳光执法，及时回应公众关切，团结传媒和公众，为城市管理执法工作营造良好舆论氛围。

（六）街道办事处的主要职责与主要任务

（1）应配合县（市、区、旗）“城市综合管理与行政执法局”或“城镇综合管理与行政执法局”“城镇综合管理与行政执法大队”，在街道办事处设立“城镇综合管理与行政执法中队”，并提供办公场所、工作经费、人员编制、条件保障，实现城市管理服务重点前移、城市管理执法重心下沉，把问题化解在基层。

（2）应组织开展本街道城市管理志愿者服务工作。

（3）应指导做好下辖村居城市管理服务站工作。

（七）乡镇的主要职责与主要任务

所有建制镇和部分经济较为发达、聚居人口较多、城镇化生活特点较为明显的乡政府驻地集（场、圩），纳入城镇综合管理服务体系。

（1）应配合县（市、区、旗）“城市综合管理与行政执法局”或“城镇综合管理与行政执法局”“城镇综合管理与行政执法大队”，在乡镇设立“城镇综合管理与行政执法中队”，并提供办公场所、工作经费、人员编制、条件保障，实现城市管理服务重点前移、城市管理执法重心下沉，把问题化解在基层。

（2）应组织开展本乡镇城市管理志愿者服务工作。

（3）应指导做好下辖村居城市管理服务站工作。

（八）居民委员会的主要职责与主要任务

（1）应配合街道、镇“城镇综合管理与行政执法中队”，在居民小区设立“城市管理服务站”，重点做好生活环境维护、违建监控报告、便民菜市场规范管理、城市管理知识宣传等工作，实现城市管理服务重点前移、城市管理执法重心下沉，把问题化解在基层。

（2）应组织开展本社区城市管理志愿者服务工作。

（3）应指导做好各小区业主委员会、物业服务公司工作。

（九）村民委员会和村民小组的主要职责与主要任务

部分经济较为发达、聚居人口较多、城镇化生活特点较为明显的行政村、自然村，纳入城镇综合管理服务体系。

（1）应配合乡、镇“城镇综合管理与行政执法中队”，在村民委员会设立“城市管理服务站”，重点做好生活环境维护、违建监控报告、城市管理知识宣传等工作，实现城市管理服务重点前移、城市管理执法重心下沉，把问题化解在基层。

（2）应组织开展本村城市管理志愿者服务工作。

（3）应指导做好各小区业主委员会、物业服务公司工作。

（4）在城乡生活垃圾一体化处理的市、县、区、旗，按照农村生活垃圾“组收集、村集中、乡（镇、街）转运、县（市、区、旗）集中处理”的工作方式，村民委员会和村民小组应安排环卫保洁员专门负责垃圾清扫、收集和垃圾分类宣传，实现村容村貌整洁。

二、如何组建各级各类城市管理机构

学习贯彻落实《中共中央 国务院关于深入推进城市执法体制改革 改进城市管理工作的指导意见》，第一要务是组建好各级各类城市管理机构。各级各类城市管理机构组建好了，才有可能顺利“推进城市执法体制改革，改进城市管理工作”。

组建各级各类城市管理机构，遵循“消除城市管理工作中的短板”原则，缺啥补啥，切忌颠覆性的推倒重来、大动干戈、劳民伤财，对于绝大多数城市管理体制机制已经比较完善的市、县、区、旗而言，微调微补即可。

（一）如何组建住房和城乡建设部城市管理司（国务院城市管理工作部际联席会议办公室）

《中共中央 国务院关于深入推进城市执法体制改革 改进城市管理工作的指导意见》第二部分第五条要求：“明确主管部门。国务院住房和城乡建设主管部门负责对全国城市管理工作的指导，研究拟定有关政策，制定基本规范，做好顶层设计，加强对省、自治区、直辖市城市管理工作的指导监督协调，积极推进地方各级政府城市管理事权法律化、规范化。”

据此，建议住房和城乡建设部组建“城市管理司”，作为业务司，以便住房和城乡建设部行使全国城市管理工作主管部门职责，指导全国城市管理工作。

《中共中央 国务院关于深入推进城市执法体制改革 改进城市管理工作的指导意见》第二部分第四条要求：“匡定管理职责。城市管理的主要职责是市政管理、环境管理、交通管理、应急管理和城市规划实施管理等。具体实施范围包括：市政公用设施运行管理、市容环境卫生管理、园林绿化管理等方面的全部工作；市、县政府依法确定的，与城市管理密切相关、需要纳入统一管理的公共空间秩序管理、违法建设治理、环境保护管理、交通管理、应急管理等方面的部分工作。城市管理执法即是在上述领域根据国家法律法规规定履行行政执法权力的行为。”

据此，建议住房和城乡建设部“城市管理司”编制司长 1 人，副司长 2 人，内设综合处、公共关系处、流动商贩管理指导处、市容管理指导处、市政公用事业管理指导处、物业服务管理指导处、产业发展指导处、环境卫生管理指导处、园林绿化管理指导处、综合执法指导处等 10 个处。

综合处，应主要负责文件收发，司内人事、财务、绩效考核，以及“国务院城市管理工作部际联席会议”办公室日常事务。建议编制 3 人，处长 1 人，副处长 1 人，处员 1 人。

公共关系处，应主要负责城市管理司官方信息发布、联系各类媒体、应对城市管理舆情事件、为城市管理执法营造良好舆论环境，促进城市管理学术文化建设，牵头组建“中国城市综合管理与行政执法行业协会”，联系“中国城市管理学会”。建议编制 2 人，处长 1 人，处员 1 人。

流动商贩管理指导处，建议主要负责指导全国流动商贩的规范化管理服务工作。建议编制 2 人，处长 1 人，处员 1 人。

市容管理指导处，应主要负责指导全国城市容貌的规范化管理工作。建议编制 2 人，处长 1 人，处员 1 人。

市政公用事业管理指导处，应主要负责指导全国市政基础设施和公用事业的规范化管理工作。建议编制 3 人，处长 1 人，副处长 1 人，处员 1 人。

物业服务管理指导处，应主要负责指导全国小区物业服务的规范化管理工作。建议编制 2 人，处长 1 人，处员 1 人。

产业发展指导处，应主要负责指导城市管理装备与服务产业发展、城市管理服务市场化、城市管理执法标识服饰统一工作。建议编制 2 人，处长 1 人，处员 1 人。

环境卫生管理指导处，应主要负责指导全国城市环境卫生的规范化管理工作。建议编制 2 人，处长 1 人，处员 1 人。

园林绿化管理指导处，应主要负责指导全国城城镇园林绿化的规范化管理工作。建议编制 2 人，处长 1 人，处员 1 人。

综合执法指导处，应主要负责指导全国城市管理综合行政执法的法治化、规范化工作。建议编制 3 人，处长 1 人，副处长 1 人，处员 1 人，均应由通过国家司法考试的法律专业人员担任。

住房和城乡建设部现有的“城市建设司”与新组建的“城市管理司”有交集，建议凡属于城市工程建设职能的处室留在“城市建设司”，凡属于城市管理职能的处室连人带编制划转到“城市管理司”。

现有的住房和城乡建设部稽查办公室与新组建的“城市管理司”有交集，建议部分人员连人带编制划转到“城市管理司”，或“城市管理司”以住房和城乡建设部稽查办公室为基础组建，撤销住房和城乡建设部稽查办公室建制，“城市管理司”内再增设稽查处。也可住房和城乡建设部稽查办公室、城市管理司两块牌子，一套班子。

如有必要，“城市管理司”也可定名为“城市管理监督局”，为住房和城乡建设部内设二级局，正司级行政局，可加挂“住房和城乡建设部稽查办公室”牌子，两块牌子，一套班子。

（二）如何组建省、自治区住房和城乡建设厅城市管理处（省、自治区人民政府城市管理工作厅局联席会议办公室）

《中共中央 国务院关于深入推进城市执法体制改革 改进城市管理工作的指导意见》第二部分第五条要求：“各省、自治区、直辖市政府应当确立相应的城市管理主管部门，加强对辖区内城市管理工作的业务指导、组织协调、监督检查和考核评价。各地应科学划分城市管理部门与相关行政主管部门的工作职责，有关管理和执法职责划转城市管理部门后，原主管部门不再行使。”

据此，省、自治区人民政府应明确住房和城乡建设厅为本省、自治区城市管理主管部门。

建议住房和城乡建设厅组建“城市管理处”，主要负责“加强对辖区内城市管理工作的业务指导、组织协调、监督检查和考核评价。”

建议住房和城乡建设厅“城市管理处”编制6人，处长1人，副处长2人，处员3人（分别负责城市综合管理、城市管理执法、公共关系）。

已经组建“城市管理处”的省、自治区住房和城乡建设厅，应根据新的工作要求酌情调整完善。

省、自治区住房和城乡建设厅“城市管理处”主要发挥承上启下作用，没有实质性工作，工作量较小，应严禁部分省、自治区住房和城乡建设厅盲目升格组建“城市管理局”“城市管理执法总队”，避免浪费行政资源。

常住人口人均GDP一万美元以上、户籍人口城镇化率70%以上的省、自治区，建议住房和城乡建设厅组建副厅级“城市管理局”或“城市综合管理与行政执法总队”，两种组织机构形式二选一。

（三）如何组建市、县、区、旗人民政府城市规划建设管理委员会

城市综合管理与行政执法工作，涉及几十个政府部门和单位，且须与城市规划、建设两大环节相协调，没有“市、县、区、旗人民政府城市规划建设管理委员会”统筹调度，是不可能做好的。

“市、县、区、旗人民政府城市规划建设管理委员会”是统筹协调城市规划、建设、管理工作的虚体决策议事机制，没有专职工作人员，不占政府组成部门机构编制。人民政府在批准规划设计方案、工程建设方案、城市管理实施方案之前，须提交由“市、县、区、旗人民政府城市规划建设管理委员会”集体讨论，形成共识。

部分市、县、区、旗人民政府之前分设“城市规划委员会”“城市管理委员会”的，建议合并统一整合为“市、县、区、旗人民政府城市规划建设管理委员会”，以解决城市规划、建设、管理三张皮互相分离扯皮的问题。

建议“市、县、区、旗人民政府城市规划建设管理委员会”由市长担任主任，分管副市长担任副主任，政府有关部门、有关单位主要负责人担任委员。

“市、县、区、旗人民政府城市规划建设管理委员会”委员建议由下列单位主要负责人担任：市、县、区、旗党委办公室、人大办公室、政府办公室、政协办公室、纪检委、宣传部、文明办、政法委（综治委）、规划局、住建局、城市管理局、发改委、公安局、财政局、交通局、司法局、民政局、档案局、工信局、工商局、环保局、林业局、国土局、农业局、水务局、文广局、审计局、卫计局、旅游局、统计局、药监局、体育局、商务局、畜牧局、质监局、安监局、能源局、招商局、教育局、粮食局、政府机关事务局、政府应急办、政府法制办、人防办、团委、妇联、总工会、各开发区管委会、各区政府、交警支队、城投公司、各大通信公司、各大市政公用企业等。各市、县、区、旗人民政府根据本地实际情况酌情增减调整。

建议“市、县、区、旗人民政府城市规划建设管理委员会”由主任或副主任主持每月至少召开一次会议，审议规划设计方案、工程建设方案、城市管理实施方案，点评城市规划、建设、管理工作，通报城市管理工作月度考评结果，部署下一月度工作。

（四）如何组建市、县、区、旗人民政府城市综合管理与行政执法局（人民政府城市综合管理办公室）

《中共中央 国务院关于深入推进城市执法体制改革 改进城市管理工作的指导意见》第二部分第六条要求：“综合设置机构。按照精简统一效能的原则，住房和城乡建设部会同中央编办指导地方整合归并省级执法队伍，推进市县两级政府城市管理领域大部门制改革，整合市政公用、市容环卫、园林绿化、城市管理执法等城市管理相关职能，实现管理执法机构综合设置。统筹解决好机构性质问题，具备条件的应当纳入政府机构序列。遵循城市运行规律，建立健全以城市良性运行为核心，地上地下设施建设运行统筹协调的城市管理体制机制。有条件的市和县应当建立规划、建设、管理一体化的行政管理体制，强化城市管理和执法工作。”

据此，建议所有设市城市、县城常住人口10万人以上的县（旗），统一设立政府组成部门行政机关城市综合管理与行政执法局（规范简称“城市管理执法局”），作为城市管理执法主体。机构名称不一致的，建议调整一致。领导职数编制建议包括党组（党委）书记1人，局长1人，副局长2人，纪检组长（兼监察室主任）1人，党组书记兼任局长的，增加副局长编制1人。

建议城区人民政府统一设立政府组成部门行政机关“城市综合管理与行政执法局”城区分局，作为城市管理执法主体。机构名称不一致的，建议调整一致。领导职数编制建议包括党组（党委）书记1人，局长1人，副局长2人，纪检组长1人，党组书记兼任局长的，增加副局长编制1人。

县城常住人口10万人以下的县（旗），建议设立政府组成部门行政机关“住房和城乡规划建设管理局”，“建立规划、建设、管理一体化的行政管理体制”，作为规划、建设、城市管理执法统一主体，下设副科级事业单位“城市综合管理与行政执法大队”，不作为执法主体，受县（旗）“住房和城乡规划建设管理局”委托进行城市综合管理执法。机构名称不一致的，建议调整一致。领导职数编制建议包括党组（总支）书记1人，大队长1人，副大队长2人，纪检组长（兼监察室主任）1人，党组书记兼任大队长的，增加副大队长编制1人。

市、县、区、旗人民政府城市规划建设管理委员会城市管理工作办公室，建议设在城市综合管理与行政执法局或城区城市管理执法分局或县（旗）城镇综合管理与行政执法局或县（旗）城市综合管理与行政执法大队，规范简称“政府城管办”，城市管理执法局长或城市管理执法大队长兼任城管办主任。“政府城管办”不占机构编制，不设专职工作人员编制。

设市城市城市综合管理与行政执法局局长，建议兼任市人民政府市长助理或副秘书长。

县（旗）城镇综合管理与行政执法局局长或城区城市管理执法分局分局长、县（旗）城市综合管理与行政执法大队大队长，建议兼任县、区、旗人民政府办公室副主任。

1. 如何设置城市综合管理与行政执法局内部工作部门和直属机构

市、县、区、旗城市综合管理与行政执法局或城区城市管理执法分局内设机构，建议统一设置为党政办公室（政策研究室）、政治工作处、城市管理处（政府城管办）、法制处（案审委员会）、执法监督处（人民政府城市综合管理指挥中心）、群众工作处等一办五处。

党政办公室，加挂政策研究室牌子，应主要负责收发文件、政策研究、文件起草、局内财务装备管理、内部绩效考核、后勤保障、会务筹备等。

政治工作处，应主要负责人事劳资、思想教育、心理疏导、工青妇团、媒体宣传、舆情危机处理等工作。

城市管理处，同时作为政府城市管理办公室的日常办事机构，应主要负责对市政公用、城市容貌、环境卫生、园林绿化等所有城市管理工作进行检查、督导、考核、通报、拟订奖惩预案。

法制处，同时作为局案审委员会的日常办事机构，应主要负责做好城市管理执法规范化、制度化建设，审理裁定城市管理执法复杂疑难案件。

执法监督处，同时作为人民政府城市综合管理指挥中心的日常办事机构，应主要负责人民政府城市综合管理指挥中心日常运行维护、统筹指挥全局、信息处理，以及督察一线城市管理执法人员规范执法。

群众工作处，应主要负责组织城市管理执法人员与公众互动活动、接待群众来访、扶贫济困、化解群众矛盾、城市管理志愿者协会等工作。

城市综合管理与行政执法局下设独立事业法人单位城市管理执法总队（支队、大队、中队）、市政公用事业管理处、城市容貌管理处、环境卫生管理处、园林绿化管理处、物业服务指导处（物业管理服务协会）、河道桥梁管理处、渣土管理处、科学研究与技术鉴定中心（城市管理干部培训中心、城市综合管理与行政执法行业协会），并指导管理行业企业。这些机构附设在其他部门或独立设立的，建议全部成建制划归城市综合管理与行政执法局，欠缺的予以增设。

2. 如何设立城市综合管理与行政执法局执法总队、执法支队、执法大队、执法中队、城市管理服务站

城市管理执法，应“一盘棋、规范化、管到底”，横向到边、纵向到底，无缝隙，无死角，为此，城市管理执法总队、城市管理执法支队、

城市管理执法大队、城市管理执法中队、城市管理服务站应实行条块双重管理、队伍以条垂直管理为主、事权以块属地管理为主的管理模式。

（1）城市管理执法总队

中央直辖市、计划单列市、副省级省会城市的城市综合管理与行政执法局，建议下设副厅级参公事业单位“城市综合管理与行政执法总队”（规范简称“城市管理执法总队”），不作为执法主体，代表城市综合管理与行政执法局执法，统筹规范管理全市城市管理执法队伍。建议总队长由一名副局长兼任，专职副总队长 1 人分管业务，政委兼副总队长 1 人分管政工。内设总队办公室，办公室主任 1 人，工作人员 2 人，处理日常事务。建议增设“心理咨询师”专职岗位 2 人负责化解城市管理执法人员心理障碍。现有部分省、自治区设立的城市管理执法总队，建议取消，并入省（自治区）住房和城乡建设厅城市管理处。

（2）城市管理执法支队

地级城市的城市综合管理与行政执法局和中央直辖市、计划单列市、副省级省会城市的城市综合管理与行政执法局城区分局，建议下设副处级参公事业单位“城市综合管理与行政执法支队”（规范简称“城市管理执法支队”），不作为执法主体，代表城市综合管理与行政执法局或城区分局执法，统筹规范管理全市（或城区）城市管理执法队伍。建议支队长由一名副局长兼任，专职副支队长 1 人分管业务，政委兼副支队长 1 人分管政工。内设支队办公室，办公室主任 1 人，工作人员 2 人，处理日常事务。建议增设“心理咨询师”岗位 2 人负责化解城市管理执法人员心理障碍。

（3）城市管理执法大队

县（市、旗）的城市综合管理与行政执法局和地级城市的城市综合管理与行政执法局城区分局，建议下设副科级参公事业单位“城市综合管理与行政执法大队”（规范简称“城市管理执法大队”），不作为执法主体，代表城市综合管理与行政执法局或城区分局执法，统筹规范管理县（市、区、旗）城市管理执法队伍。建议大队长由一名副局长兼任，专职副大队长 1 人分管业务，教导员兼副大队长 1 人分管政工。内设大队办公室，办公室主任 1 人，工作人员 2 人，处理日常事务。建议增设“心理咨询师”岗位 1 人负责化解城市管理执法人员心理障碍。

（4）“城市管理 + 公安 + 交警”联合执法队

县（市、旗）的城市综合管理与行政执法局和地级城市的城市综合管理与行政执法局城区分局，建议与公安、交警共建常态化“城市管理 + 公安 + 交警”联合执法队，不是执法主体，分别代表城市管理执法机关、公安机关执法。人员共派共用，由政府城市综合管理指挥中心统一指挥，每天 24 小时轮流联合执勤，各自履行分内职责，预防城市管理执法可能引发的暴力冲突。队长 1 人建议由城市管理执法机关委派，副队长 2 人建议由公安机关治安部门、交警部门委派，工作人员数量根据本地实际工作需要由城市管理执法局、公安局、交警大队共同调配。内设队办公室，设在城市管理执法机关，办公室主任 1 人，工作人员 2 人，处理日常事务。

（5）城市管理执法中队

《中共中央 国务院关于深入推进城市执法体制改革 改进城市管理工作的指导意见》第二部分第六条要求：“下移执法重心。按照属地管理、权责一致的原则，合理确定设区的市和市辖区城市管理部门的职责分工。市级城市管理部门主要负责城市管理和执法工作的指导、监督、考核，以及跨区域及重大复杂违法违规案件的查处。按照简政放权、放管结合、优化服务的要求，在设区的市推行市或区一级执法，市辖区能够承担的可以实行区一级执法，区级城市管理部门可以向街道派驻执法机构，推动执法事项属地化管理；市辖区不能承担的，市级城市管理部门可以向市辖区和街道派驻执法机构，开展综合执法工作。派驻机构业务工作接受市或市辖区城市管理部门的领导，日常管理以所在市辖区或街道为主，负责人的调整应当征求派驻地党（工）委的意见。逐步实现城市管理执法工作全覆盖，并向乡镇延伸，推进城乡一体化发展。”

据此，街、镇和有条件的乡应设立“城市综合管理与行政执法中队”（规范简称“城市管理执法中队”），是县（市、区、旗）城市管理执法局（队）的派出机构，同时接受街道（镇、乡）领导，是城市管理执法局基层办案单位。建议设中队长1人，任命前应征得街道（镇、乡）党（工）委书面同意，副科级，兼任街道（镇、乡）党（工）委委员或街道办副主任（乡镇副乡镇长），专职副中队长1人分管业务，教导员兼副中队长1人分管政工，内勤1人，队员若干人，全面整合集中行政处罚权。

组建街道（镇、乡）城市管理执法中队，是理顺城市管理体制、重心下沉、前端化解矛盾、提高城市管理服务质量的关键性环节。

建议街道（镇、乡）城市管理执法中队吸收整合街道（镇、乡）国土管理所、食品药品监督管理所、基层动物卫生与产品质量监督站及有关执法部门派驻的执法人员组建，集中行使城镇管理、土地管理、农业执法、食品药品安全、物业管理、文化管理、畜牧兽医等七个领域的执法权限。中队下设人民政府城市综合管理指挥中心终端值班室、法制室、督查室、执法分队等，配备专用办公场所，购置执法记录仪、执法车辆等执法装备。城市管理执法中队实行县（市、区、旗）和镇（街、乡）双重管理体制，队伍建设垂直管理以上级为主，事权以镇（街、乡）管理为主，执法行动由镇（街、乡）统一部署，执法责任由镇（街、乡）承担，业务上接受县（市、区、旗）主管部门的指导。在镇（街、乡）层面，按照“网格化管理”要求，将镇（街、乡）辖区划分为若干管理网格，建立“分队巡查、管区监控、村庄（社区）提报”的三级网格化巡查监管机制，实行定岗定责，明确每一个网格的管理主体和监管责任，实现日常巡查的“全覆盖”。

街道（镇、乡）城市管理执法中队建议实行“见章盖章”的运行模式，确保执法主体的合法性。“见章盖章”是指立案、调查、告知、处罚、送达等环节均由街道（镇、乡）负责，需要出具责令停止违法行为通知书、行政处罚告知书、行政处罚决定书等相关法律文书的，由街道（镇、乡）主要负责人在审批表上签字确认，在法律文书上加盖公章后转送市、县、区、旗行政主管部门，市、县、区、旗行政主管部门进行形式审查后在法律文书上加盖部门公章。按照“谁监管、谁负责”的原则，执法过程中的立案、处罚、撤案权限均由街道（镇、乡）负责，由此产生的法律责任（如行政复议、行政诉讼、国家赔偿等）均由街道（镇、乡）承担，既确保执法主体的合法性，又落实执法主体责任。

治安管理、交通管理，建议采用“城市管理 + 公安 + 交警”联合执法分队的组织形式。交通管理涉及的违法停车处罚，应以公安交警部门为主，城市管理执法部门协助配合。

城市管理执法任务比较繁重的领域，建议“城市综合管理与行政执法局”在相关部门设立或自行设立专业执法中队，主要包括：在规划局设立“规划执法中队”，主要负责做好防控违建工作；与环保局联合设立“城市管理环保执法中队”，主要负责做好油烟扰民、噪声扰民、异味扰民等工作；自行设立“市容执法中队”，主要负责做好防控违法张贴小广告、规范门头牌匾、规范车辆停放、规范流动摊贩等工作。

（6）城市管理服务站

《中共中央 国务院关于深入推进城市执法体制改革 改进城市管理工作的指导意见》第六部分第二十六条要求：“发挥社区作用。加强社区服务型党组织建设，充分发挥党组织在基层社会治理中的领导核心作用，发挥政府在基层社会治理中的主导作用。依法建立社区公共事务准入制度，充分发挥社区居委会作用，增强社区自治功能。充分发挥社会工作者等专业人才的作用，培育社区社会组织，完善社区协商机制。推动制定社区居民公约，促进居民自治管理。建设完善社区公共服务设施，打造方便快捷生活圈。通过建立社区综合信息平台、编制城市管理服务图册、设置流动服务站等方式，提供惠民便民公共服务。”

据此，并结合山东胶州全国试点成功经验，建议城镇各社区和有条件的村设立“城市管理服务站”。

城市管理服务站是全民参与城市管理、共享城市文明成果的便民服务组织形式，不是城市管理执法权力机关，不能立案办案。

城市管理服务站建议由城市管理执法中队和居民委员会、村民委员会、小区业主委员会共建，居民委员会主任或村民委员会主任、小区业主委员会主任担任城市管理服务站站长，并安排内勤 1 至 2 人，提供办公场所和工作条件，城市管理执法中队委派一人兼任城市管理服务站副站长，实现城市管理村居服务与城市管理执法无缝对接。

城市管理服务站应主要负责广泛发动并联系城市管理志愿者参与支持城市管理工作，维护居民、村民生活环境，及时发现并第一时间上报违建信息、市政公用设施坏损信息、物业服务缺失信息等，以便城市管理执法机关第一时间把问题化解在基层。

3．如何设置城市综合管理与行政执法局市政公用处

市政公用事业管理处，规范简称“市政公用处”，应是“城市综合管理与行政执法局”直属专业化事业单位，公共服务机构，要全心全意为市民服务。没有执法权。根据事业单位改革方向，建议取消行政级别。

市政公用处编制建议主任1人，副主任1至2人，工作人员若干人。主任应由考试取得中高级“城市管理师”专业技术职称的人员担任。不设行政编制。建议内设办公室、城市管网监管科、城市照明监管科、公用事业监管科。建议城市管理执法市政公用中队驻市政公用处，实现城市管理服务与城市管理执法无缝对接机制。

已将市政公用处划归“城市综合管理与行政执法局”的城市，保持不变。

未将市政公用处划归“城市综合管理与行政执法局”的城市，建议将市政公用处划归“城市综合管理与行政执法局”。

独立设置“市政公用局”的城市，建议将“市政公用局”整体划归“城市综合管理与行政执法局”，作为“城市综合管理与行政执法局”的直属事业局。为缓和城市管理体制改革矛盾，整合后的“市政公用局”，初期局领导可保持原有级别待遇不变，以后新提拔的干部级别待遇按二级局安排。原有局领导全部退休或转岗后，局改处。

城市常住人口1000万人以上的城市，建议设置“城市综合管理与行政执法局”直属事业局“市政公用局”或“市政公用事业监管中心”，但不再有行政级别。

主要职责：①城市基础功能设施常态化、智能化全面监管，确保城市基础功能设施常年良好运行；②指导、监督、考核直属市政公用企业和市政公用行业企业做好市政设施维护和公用事业服务工作；③

代表城市政府采购社会企业提供的市政公用服务；④参与市政公用行业应急管理。

市政公用事业，是城市综合管理系统最重要的组成部分，关系城市的公共安全和市民生活秩序，一旦发生问题，城市基础功能就将局部瘫痪，就将对市民工作生活产生严重影响，市政公用处必须对城市所有市政公用设施运行情况了如指掌。

部分城市划归相应专业部门管理的市政公用企业，如自来水公司（水务局）、通信公司（工信局）、公交公司（交通局）、出租汽车公司（交通局）等，应同时接受“城市综合管理与行政执法局”市政公用处的统一监管。

市政公用事业监管，已经有一套比较成熟的经验方法体系和技术规范标准，注入新的理念、方法、职能、技术，加以完善即可，不宜推倒重来。

4．如何设置城市综合管理与行政执法局市容处

城市容貌管理处，规范简称“市容处”，是“城市综合管理与行政执法局”直属专业化事业单位，公共服务机构，要全心全意为市民服务。没有执法权。根据事业单位改革方向，建议取消行政级别。

市容处编制建议主任1人，工作人员若干人。不设副主任。主任应由考试取得“城市管理师”中高级专业技术职称的人员担任。不设行政编制。建议内设办公室、城市容貌规划设计与技术规范管理科、户外宣传广告与店招牌匾监管科、城市公共空间监管科。建议城市管理执法市容中队驻市容处，实现城市管理服务与城市管理执法无缝对接机制。

已将市容处划归“城市综合管理与行政执法局”的城市，保持不变。

未将市容处划归“城市综合管理与行政执法局”的城市，建议将市容处成建制整体划归“城市综合管理与行政执法局”。

独立设置“市容局”的城市，建议将“市容局”整体划归“城市综合管理与行政执法局”，作为“城市综合管理与行政执法局”的直属事业局。为缓和城市管理体制改革矛盾，整合后的“市容局”，初期局领导可保持原有级别待遇不变，以后新提拔的干部级别待遇按二

级局安排。原有局领导全部退休或转岗后，可局改处。

城市常住人口 1000 万人以上的城市，建议设置“城市综合管理与行政执法局”直属事业局“市容局”或“城市容貌监管中心”，但不再有行政级别。

主要职责：①城市容貌常态化、智能化全面监管，确保城市形象靓丽、公共空间秩序良好；②指导、监督、考核直属市容企业和市容行业企业做好城市容貌维护和服务工作；③代表城市政府采购社会企业提供的城市容貌规划设计与技术服务；④参与市容行业应急管理；⑤参与建筑设计方案决策讨论。

市容管理，关系城市的面子和市民的肚子之间的平衡与协调，是城市综合管理系统极其重要的组成部分，也是城市管理系统矛盾最集中、最尖锐的部分，一旦发生矛盾冲突，就可能成为影响国内外的恶性公共事件，严重损害执政党和人民政府的形象，市容处必须对城市所有公共空间运行情况和临时占用情况了如指掌，尤其要做好流动商贩的疏导服务和停车管理服务。

5．如何设置城市综合管理与行政执法局环卫处

城乡环境卫生管理处，规范简称“环卫处”，是“城市综合管理与行政执法局”直属专业化事业单位，公共服务机构，要全心全意为市民服务。没有执法权。根据事业单位改革方向，建议取消行政级别。

环卫处编制建议主任 1 人，副主任 1 至 2 人，工作人员若干人。主任应由考试取得“城市管理师”中高级专业技术职称的人员担任。不设行政编制。建议内设办公室、城乡垃圾清扫保洁科、城乡垃圾收集转运监管科、城乡垃圾与固废处理监管科、城市噪声油烟异味污染监管科。建议城市管理执法环卫中队驻环卫处，实现城市管理服务与城市管理执法无缝对接机制。

已将环卫处划归“城市综合管理与行政执法局”的城市，保持不变。

未将环卫处划归“城市综合管理与行政执法局”的城市，建议将环卫处成建制整体划归“城市综合管理与行政执法局”。

独立设置“环卫局”的城市，建议将“环卫局”整体划归“城市综合管理与行政执法局”，作为“城市综合管理与行政执法局”的直

属事业局。为缓和城市管理体制改革矛盾，整合后的“环卫局”，初期局领导可保持原有级别待遇不变，以后新提拔的干部级别待遇按二级局安排。原有局领导全部退休或转岗后，可局改处。

城市常住人口1000万人以上的城市，建议设置“城市综合管理与行政执法局”直属事业局“环卫局”或“城乡环境卫生监管中心”，但不再有行政级别。

主要职责：①城乡垃圾清扫、收集、转运、处理和环卫设施维护保养；②指导、监督、考核直属环卫企业和环卫行业企业做好环境卫生服务工作和环卫设施维护工作；③代表城市政府采购社会企业提供的环卫服务；④公厕管理及粪便处理；⑤参与环卫行业应急管理。

所有生产生活废弃物治理都要纳入环卫处统一监管。工业垃圾、建筑垃圾、医疗垃圾、工业及生活污水等在由有关部门直接监管的同时，还应接受环卫处的监管，由环卫处牵头建立全市统一的生产生活废弃物清扫、收集、转运、处理大数据信息中心平台，并同时纳入环境保护大信息系统，由各单位和社会共享。

环卫事业，是城市综合管理系统十分重要的组成部分，关系到每一个居民的生活工作环境质量，哪怕停顿工作一天，整个城市就会陷入脏乱差的尴尬境地。

环卫工作，目前已经有一套比较成熟的经验方法体系和技术规范标准，注入新的理念、方法、职能、技术，加以完善即可，不宜推倒重来。

6．如何设置城市综合管理与行政执法局园林处

城市园林绿化管理处，规范简称“园林处”，是“城市综合管理与行政执法局”直属专业化事业单位，公共服务机构，要全心全意为市民服务。没有执法权。根据事业单位改革方向，建议取消行政级别。

园林处编制建议主任1人，副主任1至2人，工作人员若干人。主任应由考试取得“园林工程师”或“园林景观设计师”中高级专业技术职称的人员担任。不设行政编制。建议内设办公室、园林绿化规划设计科、园林绿化工程管理科、公园广场管理科。建议城市管理执法园林绿化中队驻园林处，实现城市管理服务与城市管理执法无缝对接机制。

已将园林处划归“城市综合管理与行政执法局”的城市，保持不变。

未将园林处划归“城市综合管理与行政执法局”的城市，建议将园林处成建制整体划归“城市综合管理与行政执法局”。

独立设置“园林局”的城市，建议将“园林局”整体划归“城市综合管理与行政执法局”，作为“城市综合管理与行政执法局”的直属事业局。为缓和城市管理体制改革矛盾，整合后的“园林局”，初期局领导可保持原有级别待遇不变，以后新提拔的干部级别待遇按二级局安排。原有局领导全部退休或转岗后，可局改处。

城市常住人口1000万人以上的城市，建议设置“城市综合管理与行政执法局”直属事业局“园林局”或“园林绿化监管中心”，但不再有行政级别。

主要职责：①城市园林绿化规划设计、工程施工、常年养护；②指导、监督、考核直属园林绿化企业和园林绿化行业企业做好园林绿化规划设计、工程施工、常年养护工作；③代表城市政府采购社会企业提供的园林绿化服务；④参与园林绿化行业应急管理。

设立“园林林业局”将林业与园林绿化工作合二为一的城市，不是十分妥当，林业适用于大农业科学规律管理，园林工作适用于城市综合管理科学规律管理，将园林绿化工作设为“城市综合管理与行政执法局”的一个直属事业处较好，也并不多占用政府组成部门机构编制。

园林绿化，营造优美的城市环境，是城市综合管理系统不可分割的组成部分，关系到城市的综合品质和每一个居民的生活工作环境质量。一个城市如果没有良好的园林绿化系统，就无法让人们感受到“城市，让生活更美好”。

园林绿化工作，是一项古老的城市管理工作，已经有一套比较成熟的经验方法体系和技术规范标准，注入新的理念、方法、职能、技术，加以完善即可，不宜推倒重来。

7．如何设置城市综合管理与行政执法局渣土管理处

城市建筑渣土运输与处置管理处，规范简称“渣土管理处”，是“城市综合管理与行政执法局”直属专业化事业单位，公共服务机构，要全心全意为市民服务。没有执法权。根据事业单位改革方向，建议

取消行政级别。

渣土管理处编制建议主任1人，副主任1至2人，工作人员若干人。主任应由考试取得“城市管理师”中高级专业技术职称的人员担任。不设行政编制。建议内设办公室、施工工地监管科、渣土运输车辆监管科、渣土处置监管科。城市管理执法渣土中队驻渣土管理处，实现城市管理服务与城市管理执法无缝对接机制。

已将渣土管理处划归“城市综合管理与行政执法局”的城市，保持不变。

未将渣土管理处划归“城市综合管理与行政执法局”的城市，建议将渣土管理处成建制整体划归“城市综合管理与行政执法局”。

主要职责：①城市施工工地、渣土运输车辆、渣土处置场地监管；②指导、监督、考核施工企业、渣土运输企业、渣土处置企业做好渣土排放、渣土运输、渣土处置工作；③代表城市政府采购社会企业提供的渣土处置场地规划设计与渣土交易、渣土处置服务；④参与渣土管理行业应急管理。

渣土管理工作，在中国城镇化高峰期任务特别繁重，矛盾也很尖锐，需要单设机构。2015年深圳渣土山崩溃垮塌事件，更促使城市政府对渣土处理问题的高度重视。待中国城镇化进入尾声后，渣土管理处可以撤销，相关工作职能并入环卫处统管。

8．如何设置城市综合管理与行政执法局物业处

城镇集体专属空间物业管理服务指导处，规范简称“物业处”，是“城市综合管理与行政执法局”直属专业化事业单位，公共服务机构，要全心全意为市民服务。没有执法权。根据事业单位改革方向，建议取消行政级别。

物业处编制建议主任1人，副主任1至2人，工作人员若干人。主任应由考试取得“城市管理师”中高级专业技术职称的人员担任。不设行政编制。建议内设办公室、小区业主委员会登记服务科、物业服务企业监管科。牵头组建成立“物业管理服务协会”。社区城市管理服务站和属地城市管理执法中队配合物业管理服务领域的城市管理执法，实现城市管理服务与城市管理执法无缝对接机制。

已将物业处划归“城市综合管理与行政执法局”的城市，保持不变。

未将物业处划归“城市综合管理与行政执法局”的城市，建议将物业处成建制整体划归“城市综合管理与行政执法局”。

主要职责：①小区业主委员会依法组建与登记服务；②指导、监督、考核物业企业做好城镇集体专属空间物业管理服务工作；③代表城市政府采购社会企业提供的公共机构物业管理服务；④参与物业管理行业应急管理；⑤做好本市物业管理协会秘书处工作。

物业管理服务指导工作，是我国城市时代的一项重要工作，也是社会矛盾的集中点，需要单设机构。从工作性质、工作规律、工作关联度等多方面考虑，以及广安等地实践经验来看，将物业管理服务行业指导工作划归城市管理系统更加科学合理。

9．如何设置城市综合管理与行政执法局河道桥梁管理处

城区河道桥梁管理处，规范简称“河道桥梁管理处”，是“城市综合管理与行政执法局”直属专业化事业单位，公共服务机构，要全心全意为市民服务。没有执法权。根据事业单位改革方向，建议取消行政级别。

河道桥梁管理处编制建议主任1人，副主任1至2人，工作人员若干人。主任应由考试取得“城市管理师”中高级专业技术职称的人员担任。不设行政编制。建议内设办公室、城区河道监管科、城区桥梁与地下通道监管科。涉及城区河道、桥梁的城市管理执法实行属地管理，实现城市管理服务与城市管理执法无缝对接机制。

已将河道桥梁管理处划归“城市综合管理与行政执法局”的城市，保持不变。

未将河道桥梁管理处划归“城市综合管理与行政执法局”的城市，建议将河道桥梁管理处成建制整体划归“城市综合管理与行政执法局”。

主要职责：①督导、考核城区河面垃圾的清运处理；②督导、考核城区河道污泥的资源化处理利用；③督导、考核城区桥梁、地下通道的环卫保洁、市容维护工作；④代表城市政府采购社会企业提供的城区河道桥梁及地下通道市容环卫服务；⑤参与城区河道桥梁及地下通道应急管理。

水务部门、交通部门、环境保护部门、国土资源部门、海事部门、公安部门等对城区河道桥梁及地下通道原有的管理职责不变。

城区河道桥梁及地下通道涉及城市管理部门的管理职责主要集中在市容、环卫两个方面，实行属地管理，承担主体责任，河道桥梁管理处负责督导、考核和全市统一共享的信息平台建设。

10．如何设置城市综合管理与行政执法局科技中心

城市管理科学研究与技术鉴定中心，规范简称“科技中心”，加挂“城市管理干部培训中心”牌子，两块牌子，一套班子，是“城市综合管理与行政执法局”直属专业化事业单位，以为本市城市管理系统服务为主的机构，兼顾社会服务。没有执法权。根据事业单位改革方向，建议取消行政级别。

科技中心编制建议主任 1 人，副主任 1 至 2 人，工作人员若干人。主任应由考试取得“城市管理师”中高级专业技术职称的人员担任。不设行政编制。建议内设办公室、城市管理科学技术普及与新技术新产品应用推广工作室、城市综合管理技术鉴定工作室、城市管理干部培训工作室。本市“城市综合管理与行政执法行业协会”秘书处建议设在科技中心。

主要职责：①面向城市管理系统和公众宣传普及城市管理科学知识；②推广应用城市管理新技术、新产品；③为一线城市管理执法提供快速技术鉴定服务，出具有法律效力的技术鉴定文件作为行政处罚依据；④做好本市城市管理干部常规培训工作和高等院校教学点城市管理干部继续教育工作；⑤做好本市“城市综合管理与行政执法行业协会”秘书处工作和上级城市管理协会、学会对接工作；⑥结合本市实际问题开展城市管理课题调研工作。

（五）市、县、区、旗人民政府如何组建城市综合管理指挥中心

《中共中央 国务院关于深入推进城市执法体制改革 改进城市管理工作的指导意见》第五部分第二十一条要求：“提高应急能力。提高城市防灾减灾能力，保持水、电、气、热、交通、通信、网络等城市生命线系统畅通。建立完善城市管理领域安全监管责任制，强化重

大危险源监控，消除重大事故隐患。加强城市基础设施安全风险隐患排查，建立分级、分类、动态管理制度。完善城市管理应急响应机制，提高突发事件处置能力。强化应急避难场所、设施设备管理，加强各类应急物资储备。建立应急预案动态调整管理制度，经常性开展疏散转移、自救互救等综合演练。做好应对自然灾害等突发事件的军地协调工作。”

《中共中央 国务院关于深入推进城市执法体制改革 改进城市管理工作的指导意见》第五部分第二十二条要求：“整合信息平台。积极推进城市管理数字化、精细化、智慧化，到2017年年底，所有市、县都要整合形成数字化城市管理平台。基于城市公共信息平台，综合运用物联网、云计算、大数据等现代信息技术，整合人口、交通、能源、建设等公共设施信息和公共基础服务，拓展数字化城市管理平台功能。加快数字化城市管理向智慧化升级，实现感知、分析、服务、指挥、监察‘五位一体’。整合城市管理相关电话服务平台，形成全国统一的12319城市管理服务热线，并实现与110报警电话等的对接。综合利用各类监测监控手段，强化视频监控、环境监测、交通运行、供水供气供电、防洪防涝、生命线保障等城市运行数据的综合采集和管理分析，形成综合性城市管理数据库，重点推进城市建筑物数据库建设。强化行政许可、行政处罚、社会诚信等城市管理全要素数据的采集与整合，提升数据标准化程度，促进多部门公共数据资源互联互通和开放共享，建立用数据说话、用数据决策、用数据管理、用数据创新的新机制。”

《中共中央 国务院关于深入推进城市执法体制改革 改进城市管理工作的指导意见》第五部分第二十三条要求：“构建智慧城市。加强城市基础设施智慧化管理与监控服务，加快市政公用设施智慧化改造升级，构建城市虚拟仿真系统，强化城镇重点应用工程建设。发展智慧水务，构建覆盖供水全过程、保障供水质量安全的智能供排水和污水处理系统。发展智慧管网，实现城市地下空间、地下综合管廊、地下管网管理信息化和运行智能化。发展智能建筑，实现建筑设施设备节能、安全的智能化管控。加快城市管理和综合执法档案信息化建设。

依托信息化技术，综合利用视频一体化技术，探索快速处置、非现场执法等新型执法模式，提升执法效能。”

《中共中央 国务院关于深入推进城市执法体制改革 改进城市管理工作的指导意见》第六部分第二十五条要求：“推进网格管理。建立健全市、区（县）、街道（乡镇）、社区管理网络，科学划分网格单元，将城市管理、社会管理和公共服务事项纳入网格化管理。明确网格管理对象、管理标准和责任人，实施常态化、精细化、制度化管理。依托基层综合服务管理平台，全面加强对人口、房屋、证件、车辆、场所、社会组织等各类基础信息的实时采集、动态录入，准确掌握情况，及时发现和快速处置问题，有效实现政府对社会单元的公共管理和服务。”

据此，各市、县、区、旗人民政府应组建“人民政府城市综合管理指挥中心”，作为市、县、区、旗人民政府管理城市的总抓手和“司令部”。

各市、县、区、旗“人民政府城市综合管理指挥中心”，建议设在“城市综合管理与行政执法局”执法监督处，由执法监督处维护日常运行，建议市委书记兼任总指挥，市长兼任执行总指挥，分管副市长兼任常务总指挥，城市管理执法局长兼任常务副总指挥，城市管理执法局副局长兼任常务指挥，是市、县、区、旗人民政府统领城市综合管理工作的信息中枢和指挥平台，不是一个单位，不用机构编制和专门人员编制，没有行政级别。

各城市数字城市管理、智慧城市管理、网格中心等五花八门的各类机构，建议统一整合到“人民政府城市综合管理指挥中心”，机构编制取消，人员编制划归“城市综合管理与行政执法局”执法监督处。

执法监督处处长、副处长、督察员、调度派单员应是公务员编制或参公人员编制。接收信息源的座席员，可以是参公人员或事业编制工作人员，也可以是“城市综合管理与行政执法局”通过人社部门正式聘用的政府雇员，一般不占用公务员编制。网格员一般为政府购买的公益岗位，使用政府雇员或政府雇工，同时担当城市管理“文明劝导员”的角色。

“人民政府城市综合管理指挥中心”应一年365天、一天24小时全天候运行，座席员、调度派单员三班倒工作，“城市综合管理与行政执法局”局长、副局长轮流值班。

“人民政府城市综合管理指挥中心”接处信息来源：各级领导指示，报刊广播电视网络等各种媒体曝光，网格员报告，群众投诉。

信息化时代，应树立“全民都是网格员”的新理念，开发“智慧城市管理APP”，让所有市民都可以通过智能手机网上投诉，逐步减少网格员编制人数，节约行政成本，提高行政效能。

一个城市有多个网格体系的，建议整合为一个网格体系。

建议公安、交警、物业等监控摄像头与“人民政府城市综合管理指挥中心”联通共享，城市管理投诉电话与110和120联动。

“人民政府城市综合管理指挥中心”接处的信息，通过智慧城市技术平台进行登录、汇总、分类、统计、筛选、重要性紧急性标注，分派到各责任主体单位限时办理回复，验收结案归档。

“人民政府城市综合管理指挥中心”实行扁平化指挥，工作任务分派单通过智慧城市技术平台直接到具体经办责任人，并同时抄送具体经办责任人上级各个层级负责人，变一级一级层层传达为各个层级同时督办。

所有涉及城市基础功能设施管理和公共空间管理的指挥职能，建议全部纳入“人民政府城市综合管理指挥中心”。中小城市还可将12345整合纳入“人民政府城市综合管理指挥中心”。

“人民政府城市综合管理指挥中心”平常是城市综合管理常态化指挥平台，遇到突发事件就是应急指挥平台，由市委书记、市长亲自坐镇全局指挥。

“人民政府城市综合管理指挥中心”每月接处信息情况及办结情况，应由“城市综合管理与行政执法局”执法监督处汇总排名形成《城市综合管理工作月度考核通报》文稿并会同“城市综合管理与行政执法局”城市管理处（政府城市管理办）提出热点、难点问题整改意见，由市、县、区、旗人民政府城市规划建设管理委员会印发通报全市、县、区、旗各单位，报送四大家领导，市长或分管副市长在市、县、区、旗人民政府城市规划建设管理委员会月度点评会上进行点评，并由本地新闻媒体公开报道，表彰先进，促进落后单位工作。

全年考核汇总情况，应纳入各责任主体单位和该单位领导绩效考核，所占分值建议为5至10分。

“人民政府城市综合管理指挥中心”工作机制，是城市综合管理大部门体制机制的灵魂，缺失这一环节，或这一环节工作乏力，城市综合管理大部门体制机制运行就不可能成功。

（六）如何组建城市管理与行政执法行业协会

《中共中央 国务院关于深入推进城市执法体制改革 改进城市管理工作的指导意见》第六部分第二十七条要求：“动员公众参与。依法规范公众参与城市治理的范围、权利和途径，畅通公众有序参与城市治理的渠道。倡导城市管理志愿服务，建立健全城市管理志愿服务宣传动员、组织管理、激励扶持等制度和组织协调机制，引导志愿者与民间组织、慈善机构和非营利性社会团体之间的交流合作，组织开展多形式、常态化的志愿服务活动。依法支持和规范服务性、公益性、互助性社会组织发展。采取公众开放日、主题体验活动等方式，引导社会组织、市场中介机构和公民法人参与城市治理，形成多元共治、良性互动的城市治理模式。”

据此，建议住房和城乡建设部城市管理司牵头组建“中国城市综合管理与行政执法行业协会”，作为社会公众参与城市管理执法工作的主渠道。

“中国城市综合管理与行政执法行业协会”由住房和城乡建设部主管，经民政部国家民间组织管理局核准备案后依法开展活动。

“中国城市综合管理与行政执法行业协会”最高权力属于全国会员代表大会，选举产生日常决策机构协会理事会。“中国城市综合管理与行政执法行业协会”全国会员代表大会建议每五年召开一次。

“中国城市综合管理与行政执法行业协会”理事会应选举产生会长、副会长、常务理事，聘任秘书长、副秘书长。“中国城市综合管理与行政执法行业协会”理事会建议每年召开一次会议，休会期间重大事项建议由会长办公会或常务理事会民主决策。

建议“中国城市综合管理与行政执法行业协会”只发展单位会员，不发展个人会员。单位会员包括：地方省、市城市综合管理与行政执法行业协会，市、县、区、旗城市管理志愿者协会，省、市城市管理学会，市、县、区、旗城市综合管理与行政执法局（队），大学城市管理院系、研究院所中心，城市管理中介咨询服务机构，城市管理新技术、新产品研发机构，城市管理行业企业等。

建议“中国城市综合管理与行政执法行业协会”下设六个工作委员会、一个例行会议：章程工作委员会，城市管理行业企业工作委员会，城市管理智库建设工作委员会，城市管理执法人员权益保障工作委员会，城市管理志愿者工作委员会，城市管理文化建设工作委员会，城市管理（执法）局长联席会议。分会、专业委员会建议根据工作需要随时增设或调整。

建议“中国城市综合管理与行政执法行业协会”秘书处设在北京。秘书长主持日常工作。

建议“中国城市综合管理与行政执法行业协会”每年举行一次年会，暨城市管理（执法）局长联席会议、城市管理执法装备服务新技术新产品展示会。交流城市管理执法工作经验，表彰城市管理执法先进单位，促进城市管理执法装备服务新技术新产品应用。

省、自治区、直辖市、计划单列市、省会首府城市、地级市“城市综合管理与行政执法行业协会”，建议参照“中国城市综合管理与行政执法行业协会”模式，结合本地实际组建。

建议县（市、区、旗）不组建“城市综合管理与行政执法行业协会”。

（七）如何组建城市管理学会

《中共中央 国务院关于深入推进城市执法体制改革 改进城市管理工作的指导意见》总体要求提出：“坚持源头治理。增强城市规划、建设、管理的科学性、系统性和协调性，综合考虑公共秩序管理和群众生产生活需要，合理安排各类公共设施和空间布局，加强对城市规划、建设实施情况的评估和反馈。变被动管理为主动服务，变末端执法为源头治理，从源头上预防和减少违法违规行为。”

据此，并结合北京疏解非首都功能的要求，建议住房和城乡建设部委托浙江财经大学组建“中国城市管理学会”，组织开展全面、系统的城市管理科学研究工作。

建议“中国城市管理学会”由住房和城乡建设部主管，经民政部国家民间组织管理局核准备案后依法开展活动。

“中国城市管理学会”最高权力属于全国会员代表大会，应选举产生日常决策机构协会理事会。“中国城市管理学会”全国会员代表大会建议每五年召开一次。

“中国城市管理学会”理事会应选举产生会长、副会长、常务理事，聘任秘书长、副秘书长。“中国城市管理学会”理事会建议每年召开一次会议，休会期间重大事项建议由会长办公会或常务理事会民主决策。

建议“中国城市管理学会”不发展单位会员，只发展个人会员。个人会员包括：城市管理科学研究工作者，热心城市管理问题研究的城市管理实践工作者，其他领域热心城市管理研究工作的人士。

建议“中国城市管理学会”下设五个工作委员会、一个例行会议：青年城市管理学者工作委员会，城市管理学术工作委员会，高等院校城市管理专业教材编辑出版工作委员会，城市管理科学知识普及工作委员会、《中国城市管理科学》编辑出版工作委员会，中国城市管理学术年会。分会、专业委员会建议根据工作需要随时增设或调整。

建议“中国城市管理学会”秘书处设在杭州。秘书长主持日常工作。

建议“中国城市管理学会”每年举行一次“中国城市管理学术年会”，出版一本代表我国城市管理研究最高学术水准的《中国城市管理科学》，促进我国城市管理科学繁荣与发展。

省、自治区、直辖市、计划单列市、副省级省会首府城市“城市管理学会”，建议参照“中国城市管理学会”模式，结合本地实际委托开设有城市管理院系专业的大学组建。

建议地级市、县、区、旗不组建“城市管理学会”，但可以依托上级“城市管理学会”成立本地级市、县、区、旗城市管理研究学组，组织热心城市管理研究人士结合工作实际不定期开展城市管理科学研讨活动。

（八）如何组建城市管理志愿者协会（城市管理公众服务中心）

《中共中央国务院关于深入推进城市执法体制改革改进城市管理工作的指导意见》第六部分第二十七条要求：“动员公众参与。依法规范公众参与城市治理的范围、权利和途径，畅通公众有序参与城市治理的渠道。倡导城市管理志愿服务，建立健全城市管理志愿服务宣传动员、组织管理、激励扶持等制度和组织协调机制，引导志愿者与民间组织、慈善机构和非营利性社会团体之间的交流合作，组织开展多形式、常态化的志愿服务活动。依法支持和规范服务性、公益性、互助性社会组织发展。采取公众开放日、主题体验活动等方式，引导社会组织、市场中介机构和公民法人参与城市治理，形成多元共治、良性互动的城市治理模式。”

据此，建议各县（市、区、旗）城市管理局牵头组建“城市管理志愿者协会”，作为社会各界人士联系城市管理执法机关、了解、支持、参与城市管理工作的主渠道。

建议各县（市、区、旗）“城市管理志愿者协会”由各县（市、区、旗）城市管理局主管，经当地民政部门核准备案后依法开展活动。

各县（市、区、旗）“城市管理志愿者协会”最高权力属于当地会员代表大会，应选举产生日常决策机构协会理事会。“城市管理志愿者协会”会员代表大会建议每五年召开一次。

“城市管理志愿者协会”理事会应选举产生会长、副会长、常务理事，聘任秘书长、副秘书长。“城市管理志愿者协会”理事会建议每年召开一次会议，休会期间重大事项建议由会长办公会或常务理事会民主决策。

建议“城市管理志愿者协会”不发展单位会员，只发展个人会员。个人会员包括本县(市、区、旗)各行各业关心支持城市管理工作的人士。

建议“城市管理志愿者协会”秘书处设在当地城市管理局群众工作处，加挂“城市综合管理与行政执法局”城市管理公众服务中心牌子。秘书长主持日常工作。

“城市管理志愿者协会”应经常组织志愿者开展公共服务活动，建议每周不少于一次。

城市管理志愿者活动都在基层，建议省、自治区、直辖市、计划单列市、省会首府城市、设区地级市不组建“城市管理志愿者协会”。

不设区地级市（中山市、东莞市等）参照县（市、区、旗）“城市管理志愿者协会”模式，组建本市“城市管理志愿者协会”。

建议镇街、村居组建“城市管理志愿者协会”分会或分队，经常组织城市管理志愿者开展公共服务活动。

三、如何规范城市管理执法队伍

学习贯彻落实《中共中央 国务院关于深入推进城市执法体制改革改进城市管理工作的指导意见》，必须高度重视城市管理执法队伍建设工作。如果没有一支优秀的城市管理执法队伍，再好的法律法规政策、再好的体制机制制度设计，都会大打则扣。

（一）如何统筹确定市、县、区、旗城市管理执法机关内部不同性质岗位与编制类别

搞好城市管理队伍建设，首先要明晰城市管理局内部不同性质岗位与编制类别，以事设岗，以岗选人。

建议城市管理局内部不同性质岗位编制及基本要求如下：

政务官，城市管理局长、副局长，要求具有较高的政治水平和城市管理专业业务素质，公务员编制，具有律师、城市管理师或相关专业工程师等中高级职称。

党务官，城市管理局党委书记、党组书记、总支书记、纪检组长，城市管理局政治工作处处长、副处长、处员，党政办公室主任，要求具有较高的政治水平、文字写作水平和党务工作专业业务素质，公务员编制，具有政工师或相关专业工程师中高级职称。

城市管理执法官，城市管理局法制处长、副处长、处员，执法监督处处长、副处长、处员，城市管理执法总队长、副总队长、队员，城市管理执法支队长、副支队长、队员，城市管理执法大队长、副大队长、队员，城市管理执法中队长、副中队长、队员，要求具有较高的法律知识水平和城市管理工作专业业务素质，公务员编制或参公编制，通过考试取得省级人民政府颁发的《行政执法证》，副中队长（含）以上领导岗位今后还应逐步要求通过国家司法考试，向法官、检察官

任职资格靠近。

城市管理师，城市管理局城市管理处处长、副处长、处员，党政办公室副主任，机关各部门部分工作人员，城市管理局直属单位部分领导和工作人员，要求具有较高的城市管理工作专业业务素质，公务员编制（局机关领导干部）或事业编制（局机关部分工作人员和局直属单位领导及工作人员），具有“城市管理师”中高级职称。

工程师、设计师，城市管理局直属单位部分领导和工作人员，要求具有较高的相应专业业务素质，事业编制，具有市政、市容、环卫、园林等相应专业“工程师”“设计师”等中高级职称。

技术工人，局机关工勤人员，局直属单位工勤人员，要求具有较高的相应专业业务技能，工勤编制，具有市政、市容、环卫、园林、驾驶、水电暖气等相应专业就业资格。

政府雇员，局机关处室部分工作人员，局直属单位科室部分工作人员，要求具有较高的相应专业业务素质，大专以上学历，没有编制，可以由城市管理局会同人社局直接招录，也可以由劳务公司派遣推荐后按程序招录，主要从事辅助性的勤杂工作，弥补机关事业单位编制不足导致的人手紧张。

政府雇工，城市管理执法中队部分工作人员，要求具有较高的责任心和较好的表达能力以及身体素质，高中或中专学历，没有编制，可以由城市管理局会同人社局直接招录，也可以由劳务公司派遣推荐后按程序招录，主要从事城市管理执法宣传教育、文明劝导、物品搬运、网格信息采集等辅助性的勤杂工作，弥补城市管理执法编制不足导致的人手紧张。建议对社会统一称为“城市管理文明劝导员”，部分人员兼任“城市管理网格信息员”、驾驶员，建议全面停止“城市管理协管员”称谓。

其他专业工作人员。城市管理系统工作包罗万象，特殊工作岗位还需要一些数量很少的其他专业人员，比如律师、会计师、IT 工程师、心理咨询师等。

（二）如何确定城市管理执法官岗位职数编制

城市管理执法官，是城市管理执法机关法定权力的具体实施人，是城市管理执法局内部最核心、最有权力的岗位，代表国家行政权力和法律权威。城市管理执法官的岗位职数编制应当首先优先保证。

城市管理执法官岗位职数编制测算参考方法：

第一步：先计算城市管理执法队伍总人数。以城市常住人口100万人为例，城市管理执法队伍应为100万×5/1万=500人。

第二步：再计算城市管理执法官岗位职数编制数（底线）：500人×51/100=255人。（中共中央、国务院要求，不在编人员不得超过在编人员）

城市管理执法官可以是公务员编制，也可以是参公编制，但都必须考试获得省级人民政府颁发的《行政执法证》，否则构成非法执法。

公务员编制、参公编制指标，对于市长而言，是稀缺行政资源，也不要过多占用，更不要滥用。

部分县（市、区、旗）公务员编制、参公编制指标紧缺的，至少应保证一个城市管理执法中队有不少于三名城市管理执法官编制，确保签发的行政处罚法律文书具有合法性。

城市管理执法官既是岗位，也是专业人才技术职称，建议分为四级：初级职称为“助理城市管理执法官”，任职资格建议包括大专（含）以上学历、已通过考试取得省级人民政府颁发的《行政执法证》；中级职称为“三级城市管理执法官”，任职资格建议包括法律专业本科（含）以上学历、取得“助理城市管理执法官”职称五年以上、在公开出版的书报刊上发表过三篇以上研讨城市管理执法工作的文章；高级职称为“二级城市管理执法官”（对应副教授级）、“一级城市管理执法官”（对应教授级），任职资格建议包括法律专业硕士（含）以上学历、已通过国家司法考试、取得“城市管理执法官”职称五年以上、在省级以上出版社出版过至少一本研讨城市管理执法工作的图书。由于领导岗位职数限制长期得不到提拔的优秀城市管理执法官，可以通过专业技术职称的晋升提高工资福利待遇，稳定队伍。城市管理执法官专业技术职称的晋升，不能够论资排辈，也不能以考代评，建议通过基础任

职资格条件 + 专业水平考试（权重 50%）+ 工作能力表现（权重 50%）综合评定。

（三）哪些岗位需要“城市管理师”专业技术资格

城市管理师专业技术职称体系，建议分为三档四级：初级职称为“助理城市管理师”，任职资格建议包括城市管理专业本科（含）以上学历、从事城市管理工作满三年以上；中级职称为“城市管理师”，任职资格建议包括城市管理专业本科（含）以上学历、取得“助理城市管理师”职称满五年以上；高级职称为“高级城市管理师”，任职资格建议包括城市管理专业硕士（含）以上学历、取得“城市管理师”职称满五年以上、在省级以上出版社出版过至少一本研讨城市管理工作的图书。“高级城市管理师”分为“副教授级”高级城市管理师和“教授级”高级城市管理师两级。

城市管理师，是城市管理服务专业品质的技术保证人，是城市管理局内部最具技术权威、最有话语权的人士，代表科学知识和真理。需要城市管理师专业资格的岗位职数编制应重点保证。

下列岗位和部门应当要求“城市管理师”专业资格：

城市管理局长、副局长领导班子，至少应有两人或两人以上具备“城市管理师”专业资格。

建议各市、县、区、旗城市管理局设“总城市管理师”岗位，由中高级城市管理师担任，与副局长同级，作为局领导班子成员参与工作决策。

局城市管理处所有人员应具有“城市管理师”专业资格。

局执法监督处分管“人民政府城市综合管理指挥中心”运行的负责人和部分工作人员应具有“城市管理师”专业资格。

局群众工作处负责人和大部分工作人员应具有“城市管理师”专业资格。

局市容处、河道桥梁处、物业处负责人和大部分工作人员应具有“城市管理师”专业资格。

局市政公用处、环卫处、园林处常务副主任和部分工作人员应具有“城市管理师”专业资格。

城市管理执法总队、支队、大队、中队部分工作人员应具有“城市管理师”专业资格。一个城市管理执法中队至少应有一名正式工作人员（城市管理执法官）具有“城市管理师”专业资格。

“城市管理师”是专业资格，不是行政职务。获得“城市管理师”专业资格的人员，可以在公务员编制岗位，也可以在事业编制岗位，还可以在企业岗位，甚至也可以在政府雇员岗位。走专业技术序列的“城市管理师”，按技术职称享受相应的福利待遇。走行政序列的“城市管理师”，可按行政级别享受相应的福利待遇也可按专业技术职称享受相应的福利待遇（二选一）。企业单位、政府雇员“城市管理师”，福利待遇由劳动合同约定。

（四）如何招录管理使用城市管理执法政府雇员、政府雇工（文明劝导员）

政府雇员、政府雇工（文明劝导员）是城市管理系统没有正式编制的辅助性工作人员。其劳动关系不适用于《公务员法》和事业单位干部管理办法，应签订劳动合同调整规范双方法律关系。

城市管理系统政府雇员、政府雇工（文明劝导员），同属于城市管理执法机关国家工作人员，其薪酬福利应由政府财政全额保障，其行为后果应由政府城市管理执法机关承担责任。

城市管理系统政府雇员、政府雇工（文明劝导员）的招录，建议由城市管理局、人社局共同公开招聘考试，择优录用，签订劳动合同，培训合格后上岗挂牌工作。

录用劳务派遣机构推荐的政府雇员、政府雇工（文明劝导员），应适用以上招录工作流程。

政府雇员应有相关专业大专以上学历，录用后从事管理类岗位工作。工资福利应与公务员编制、事业编制干部同工同酬，不得歧视。

政府雇工应有高中或中专学历，录用后从事技能型岗位工作或体能性岗位工作。工资福利应与工勤编制人员同工同酬，不得歧视。

建议市、县、区、旗城市管理局、人社局参照广东省中山市火炬区经验共同制定城市管理系统政府雇员、政府雇工（文明劝导员）分级管理和晋级管理办法，让工作敬业、表现优秀的政府雇员、政府雇工每一两年有一次晋级加薪的机会。

政府雇员、政府雇工在评先评优、教育培训、职务晋升等方面，应与公务员编制、事业编制、工勤编制人员平等，职务晋升时法律规定必须是公务员的岗位除外。

政府雇员、政府雇工的医疗保险、养老保险、工伤保险、失业保险、大病统筹、住房公积金应由城市管理执法机关依法按时缴纳。

每年城市管理系统公务员、事业单位干部和工勤编制公开招录，建议其中 40% 的名额专门用于录用城市管理系统优秀政府雇员、政府雇工。

建议禁止政府雇员、政府雇工穿戴城市管理执法统一标识的城市管理执法官服饰，以方便公众识别区分。在办公室工作的政府雇员穿便装，上街服务的政府雇工穿背书“城市管理·文明劝导员”或“城市管理·网格信息员”工装。部分上街服务的政府雇工还应着便装，以便于与群众沟通交流。

（五）如何保护城市管理执法人员的合法权利

城市管理系统的一线城市管理执法人员是高危职业，挨打、挨骂时有发生，需要特别强调保护一线城市管理执法人员合法权利。为此，建议：

（1）城市管理执法人员执行公务过程中，在本人执法资格合法、执法程序合法、没有打骂执法对象、没有抢夺群众财物的情况下挨打、挨骂，公安机关联合执法的同行警察应当按暴力抗法、妨碍公务立案，当场拘留暴力抗法、妨碍公务者，依法处理。

（2）城市管理执法人员执行公务过程中遭遇暴力抗法、妨碍公务，若无联合执法的同行警察，应立即撤离到安全距离，首先保护自身安全，并第一时间报警。警察出警到现场后，按暴力抗法、妨碍公务立案，当场拘留暴力抗法、妨碍公务者，依法处理。

（3）各市、县、区、旗财政拨出专款在城市管理局设立“文明执法奖”，当城市管理执法人员遭遇暴力抗法、妨碍公务时，“打不还手、骂不还口、不抢夺百姓财物”、及时撤离报警不激化社会矛盾者，给予奖励。

（4）各市、县、区、旗财政拨出专款在城市管理局设立“城市管理卫士基金”，城市管理执法人员遭遇暴力抗法、妨碍公务时发生伤亡，作为慰问金、抚恤金、家庭困难救济金等。

（六）如何建立城市管理执法人员绩效激励机制

建立健全城市管理执法人员绩效激励机制，激发城市管理执法人员献身城市管理事业的激情，是城市管理队伍建设的重要内容。

城市管理执法人员绩效激励机制，包括精神奖励、物质奖励和职务激励三个方面。

精神奖励，主要方式包括评先评优、记功、嘉奖、授予荣誉称号。

城市管理系统内部，建议建立从中央到地方政府各个层级的“城市管理先进工作者”“城市管理先进单位”评选工作，每年表彰奖励一次。

此外，建议城市管理系统积极申报参评工会系统的“劳动模范”“五一劳动奖章”，共青团系统的“五四青年奖章”“青年文明岗”，妇联系统的“三八红旗手”，解放军和民政系统的“优秀军转干部”等各类荣誉称号。

建议正处级（含）以上建制的城市管理局，为优秀城市管理执法人员记功、嘉奖。

正处级以下建制的城市管理局，建议提请县级及县级以上人民政府为优秀城市管理执法人员记功、嘉奖。

因公殉职的城市管理执法人员，符合“烈士”认定条件的，提请民政部门认定为“烈士”称号。但申请认定之前建议全面了解清楚确实一向文明执法，并向社会公示，要经得起社会公众检验，避免深圳城市管理局那种把参与黑社会犯罪的城市管理队员申请认定为“烈士”的教训。

物质奖励建议以现金为主，包括每月的绩效奖、每年的年终奖、获得上级荣誉称号的突出贡献奖。

月度绩效奖，应体现本人当月的实际工作业绩，建议以中队或科室为单位集中公开透明评议，禁止领导暗箱操作，发多发少要做到让每个人心服口服。尤其不能歧视政府雇员、政府雇工。月度绩效奖发放不公平、不透明，会严重伤害团队的凝聚力。

年终奖，可以按岗位、级别划分几个层级，有所差异，但不能身份歧视，过于悬殊。

获得上级荣誉称号的突出贡献奖金，按有关规定办理，有的是上级单位发放，有的是本单位或本级政府发放，有的是上级单位和本单位都发放。

职务激励，建议副局长以下中层、基层干部全部采用公开竞争上岗的方式进行，自愿报名、公开演讲、全体评议、纪委监督、有关部门参与、局领导班子集体决策，把真正热爱城市管理工作、有水平、有能力、有激情的优秀城市管理工作人员选拔到各级领导岗位。

城市管理执法人员绩效激励机制，应平等面对城市管理系统所有人员，不论是公务员、事业编、勤杂工，还是政府雇员、政府雇工，只要工作业绩突出，都应公平享受到应有的精神奖励和物质奖励。

（七）如何保障城市管理执法人员的基本福利

城市管理执法人员除正常的薪酬、社会保险、医疗保险、住房公积金之外，建议享受以下福利：

（1）城市管理执法人员置装费，各市、县、区人民政府应纳入财政预算。

（2）城市管理执法人员户外执勤津贴和加班费补助，各市、县、区人民政府应纳入财政预算。

（3）城市管理执法人员伙食补助，各市、县、区人民政府应纳入财政预算，由单位食堂专款专用，不发给个人，保证节假日、夜晚加班执勤人员能够吃上热乎可口的饭菜。

（4）城市管理执法人员全面落实带薪休假制度。建议工作满一年以上的城市管理执法人员每人每年享受 10 个工作日的带薪休假。休假前须做好工作交接安排，不能影响正常工作，尤其不能影响群众办事。

（八）如何完善城市管理执法人员的退出机制

不热爱或不适合城市管理执法工作的人员，建议通过以下途径退出城市管理系统：

（1）申请辞职。城市管理执法工作人员不愿意继续从事城市管理执法工作的，可以提出辞职申请，经单位同意，工作交接清楚后离开工作岗位。

（2）工作调动。其他单位需要调用城市管理执法工作人员的，向城市管理执法机关发出商调函，经本人和城市管理执法机关同意，并报请人社部门核准，可以办理工作调动手续，工作交接清楚后离开城市管理执法工作岗位。领导干部工作调动离任时，还应接受离任审计。

（3）引咎辞职。城市管理执法工作人员在工作中发生较严重失误，损害城市管理执法机关荣誉和良好形象的，单位虽然还愿意留用，但本人心怀愧疚，不愿继续留下工作，可以引咎辞职。辞职申请经单位同意，工作交接清楚后离开工作岗位。

（4）辞退或责令辞职。城市管理执法工作人员在工作中发生严重失误，严重损害城市管理执法机关荣誉和良好形象的，单位已不愿留用，但本人又不主动引咎辞职时，单位可以辞退或责令辞职。辞退或责令辞职决定须经局党委或党组会议集体研究同意，形成会议纪要。辞退或责令辞职决定须符合法律法规或劳动合同约定。辞退或责令辞职决定下达当事人时，应限定时间交接清楚工作离开工作岗位。

（5）提前终止劳动合同。政府雇员、政府雇工工作严重不称职又不能调整合适岗位的，城市管理执法机关可以提出提前终止劳动合同。工作交接清楚后离开工作岗位。提前终止劳动合同应依法给当事人以补偿。

（6）不再续签劳动合同。政府雇员、政府雇工工作表现一般的，劳动合同到期后，城市管理执法机关可以提前提出不再续签劳动合同。合同到期，当事人工作交接清楚后离开工作岗位。

（7）开除。城市管理执法工作人员严重违法违纪或轻微犯罪免于起诉的，可依照法律规定或合同约定予以开除。工作交接清楚后离开工作岗位。

建议打人、骂人、抢夺群众财物、追赶管理执法对象造成严重事故，以及吃拿卡要、索贿受贿、滥用职权的城市管理执法人员，一律开除。

（8）移交司法机关。城市管理执法工作人员涉嫌犯罪应予刑事处罚的，移交司法机关，并予以开除。

（九）如何全方位构建城市管理执法系统倡廉反腐全方位监督机制

随着城市管理执法工作的重要性不断增强，权力不断扩大，经费不断增多，如果没有强有力的监督机制把城市管理权力关进笼子，大面积塌方式腐败不可避免。

城市管理执法系统倡廉反腐全方位监督机制包括：

（1）党委纪检监察监督。建议市、县、区、旗党委纪检委（监察局）向城市管理局派驻纪检组长（兼监察室主任），作为局领导班子成员，与副局长同级待遇，参与城市管理执法局工作决策，涉及用人、用钱事项的文件须纪检组长（兼监察室主任）进行合规合纪合法审核，审核通过后签署书面同意意见，方可印发实施。

如果事后发现出现腐败问题被问责，局长、分管局长、纪检组长（兼监察室主任）和具体经办人应一并被追究。

党委纪检监察监督是城市管理执法系统倡廉反腐第一关，也是常态化贴近监督，不能渎职失守。

（2）人大监督。建议城市管理局长每年须至少向本市、县、区、旗人大常委会述职报告一次工作，并进行民主评议，当场投票表决给出优秀、合格、基本合格、不合格评议结果，新闻媒体予以报道。优秀、合格票低于 50% 的城市管理局长，人大常委会应提出罢免动议或责令其辞职。

建议本市、县、区、旗人大常委会每年至少到城市管理局进行一次全面执法检查。

本市、县、区、旗人大常委会可随时对城市管理执法工作组织进行专题询问会，城市管理局长或分管副局长应到会进行详细认真解答。

本市、县、区、旗人大常委会应认真督促城市管理执法机关落实办理人大代表涉及城市管理执法工作的议案和建议，人大代表满意率应不低于90%。

（3）政府监督。城市管理局长应参加政府常务会议，随时向政府首长或分管领导汇报、请示工作。

城市管理局政务信息应随时上报政府办公室，以便政府领导阅批。

城市管理局重点工作、重要事项，应随时向政府分管领导专题报告。

（4）政协监督。建议本市、县、区、旗政协领导机关每年至少组织政协委员到城市管理局进行一次工作视察。

建议本市、县、区政协领导机关每年至少组织政协委员对城市管理局长工作情况进行一次民主评议，当场投票表决给出优秀、合格、基本合格、不合格评议结果，并将得票情况通报给党委、人大、政府，新闻媒体予以报道。

本市、县、区、旗政协领导机关可随时组织政协委员对城市管理执法工作进行调研，并对城市管理执法工作提出改进意见。

本市、县、区、旗政协领导机关应认真督促城市管理执法机关落实办理政协委员涉及城市管理执法工作的提案和建议，政协委员满意率应不低于90%。

（5）审计监督。建议本市、县、区、旗审计机关每年对城市管理执法机关进行一次财务审计，审计结果通过新闻媒体向社会公布。

城市管理局长、副局长、副局长级领导班子成员和中层副职（含）以上领导干部调离工作岗位或拟提拔重用，建议本市、县、区、旗审计机关先对其进行财务审计。

城市管理系统重点工程、重大支出项目，建议本市、县、区、旗审计机关对其经费使用进行全程跟踪专项审计。

（6）新闻监督。城市管理执法机关应在积极做好正面宣传的同时，主动接受官方新闻媒体监督，对官方媒体披露出来的城市管理执法问题，应认真查清，依法处理，及时回应。

建议中央、省（自治区）城市管理主管部门和各市、县、区、旗城市管理执法机关设立城市管理新闻发言人，对涉及城市管理执法的舆情事件及时作出回应。

（7）信访监督。通过信访渠道反映的城市管理执法人员腐败问题、渎职问题以及其他问题，应及时认真查清事实，回应举报人。

（8）群众监督。城市管理执法过程中，应欢迎群众拍照、录音、录像，共同见证城市管理执法人员公正、公平、公开、文明执法。凡是阻挠、打骂群众拍照、录音、录像的，不是涉及暴力执法，就是涉及腐败，建议一律开除。

（9）执法对象监督。城市管理执法过程中，城市管理执法人员应主动出示省级人民政府颁发的《行政执法证》并提醒执法对象记录执法人员执法证件信息，对执法过程进行拍照、录音、录像，如果不服行政处罚决定，到上级城市管理执法机关或本级人民政府申请行政复议，或者到人民法院提起行政诉讼。

建议各市、县、区、旗城市管理局执法监督处每天按 20% 随机对行政处罚案件当事人进行电话回访或走访，听取执法对象对城市管理执法人员文明执法情况、廉洁自律情况进行评议，评议结果局内通报，典型案例通过新闻媒体予以报道。

（10）网络舆论监督。现在是信息化时代，网络无所不在，每个拥有智能手机的人都可能是信息发布员，认真查清、依法处理、及时回应网络舆论反映出来的问题，对保障城市管理执法人员廉洁行政、慎用公权、文明执法也极其重要。

（11）法治监督。中国是法治国家。法治监督是对城市管理执法系统全方位监督的最后底线，只有司法机关及时查处所有枉法滥权的城管执法人员，依法公正审判，才能保障城市管理执法系统不至于发生塌方式腐败现象。

四、如何提高执法和服务水平

提高城市管理执法和服务水平，改善人居环境，提升城市品质，促进社会和谐，构建和谐宜居城市，是城市综合管理大部门体制改革的出发点和归宿，也是学习贯彻落实《中共中央 国务院关于深入推进城市执法体制改革 改进城市管理工作的指导意见》的最终目的。

（一）如何统筹安排城市规划、建设、管理工作

中国城市管理正在经历从“重建设、轻管理”到“建管并重”“三分建设、七分管理”的历史性转变，城市工作正在从以建设为中心转向以管理为中心，做好城市工作，需要以管理视角统筹城市规划、建设、管理三大环节。

建议市、县、区、旗人民政府以虚体决策议事机构“城市规划建设管理委员会”为抓手，统筹安排城市规划、建设、管理工作。部分市、县、区、旗人民政府也可以尝试组建政府组成部门“住房和城乡规划建设管理局”或“住房和城乡规划建设管理委员会”，在政府工作部门层面统筹城市规划、建设、管理工作。

（1）城市规划，是通过空间管控把握城市正确发展方向，是城市工作的望远镜，永远是城市工作的龙头。城市规划失误往往是不可逆转的战略性失误，其失误后果最终都要有城市管理部门来承担骂名。所以，所有的城市规划设计方案，事无巨细，建议都要有建设部门、城市管理部门通过“市、县、区、旗人民政府城市规划建设管理委员会”机制参与讨论决策，从一开始就尽量避免不可挽回的规划失误。规划设计方案的讨论，要充分讨论，反复讨论，不仅规划、建设、管理部门要参加，政府其他部门和专家学者也要参加讨论，还要广泛征求群众意见，从不同角度挑毛病、找问题，并一一修订完善，最后定

案实施。

城市管理部门审查规划设计方案主要是从城市管理角度进行空间布局合理性审查，关注点主要包括：市政、环卫、公园广场、园林绿化、停车、公共厕所、农贸市场、便民服务摊点等配套设施空间安排布局是否合理、充足、方便适用。如果城市空间布局紊乱，如果没有遍布整个市区、分布合理、数量足够的便民服务摊点和停车位，谁当城市管理局长也解决不好流动商贩问题和停车难问题。

城市管理执法规划中队与规划部门无缝对接，全天候巡查，严厉查处私搭乱建等违反规划法的违建行为，保障城市规划设计方案顺利实施，维护城市规划权威。

（2）城市建设，是通过物质实体构建，落实城市规划意图，是城市工作的核心环节，一般包括五大体系：基础设施体系建设，公共建筑体系建设，住宅体系建设，企业园区体系建设，园林绿化体系建设。城市建设，质量第一。如果建设工作没做好，对上违背规划意图，对下给城市管理留下后患。所以，所有的城市建设工程设计方案，事无巨细，建议都要有规划部门、城市管理部门通过“市、县、区、旗人民政府城市规划建设管理委员会”机制参与讨论决策，从一开始就尽可能避免不必要的建设失误。城市建设工程设计方案的讨论，要充分讨论，反复讨论，不仅规划、建设、管理部门要参加，政府其他部门和专家学者也要参加讨论，还要广泛征求群众意见，从不同角度挑毛病、找问题，并一一修订完善，最后定案实施。

城市管理部门审查建设工程设计方案主要是功能性审查，关注点主要包括：市政、环卫、停车、公共安全、公共厕所、农贸市场、便民服务摊点等设施配套是否齐全、充足、方便适用，物业服务体系设施是否健全，与后期广告、店招、牌匾、灯饰等市容产品安放展示是否能够较好衔接等。如果建设时功能缺失，将来城市管理部门费九牛二虎之力也难以管好。

城市建设工程施工过程中，城市管理执法人员应每天巡查指导，及时纠正、查处建设施工过程中的围挡破损、噪声污染、渣土撒漏等违法违规行为。

（3）城市管理，是通过维护建设好的城市基础功能设施和城市公共空间，保障城市市民常态工作秩序和生活秩序，改善人居环境，促进城市和谐。城市管理工作，只有起点，没有终点，很多方面比如环境卫生、停车管理、小贩管理等每天都是从零开始，日复一日，年复一年，如果没有良好的城市管理，规划再好、建设再好的城市，老百姓也过不上舒心幸福的生活。从某种意义上说，城市管理，就是精心呵护城市规划、城市建设的成果，所以，所有的城市管理实施方案，事无巨细，建议都要有规划部门、建设部门通过“市、县、区、旗人民政府城市规划建设管理委员会”机制参与讨论决策，从一开始就尽可能使城市管理实施方案臻于完美。城市管理实施方案的讨论，要充分讨论，反复讨论，不仅规划、建设、管理部门要参加，政府其他部门和专家学者也要参加，还要广泛征求群众意见，从不同角度挑毛病、找问题，并一一修订完善，最后定案实施。

规划部门审查城市管理实施方案，主要是审查城市空间的使用管理是否符合规划设计的原意，如果城市管理不当，也会造成城市空间秩序新的紊乱，比如规划设计的便民菜市场、停车场被改变使用功能，这个区域的居民生活、工作就会陷入混乱。

建设部门审查城市管理实施方案，主要是审查已经建成的城市基础功能设施是否维护到位、使用得当，如果城市基础功能设施管理使用不当，极有可能带来城市公共安全事故，比如给排水管道、燃气管道爆裂等。

规划部门、建设部门应与城市管理部门无缝对接，经常提供专业指导，保障城市管理的专业性。

建议政府首长或分管领导每月至少主持召开一次“市、县、区、旗人民政府城市规划建设管理委员会”会议，审议规划设计方案、建设工程设计方案、城市管理实施方案，点评一个月以来的城市规划、建设、管理工作，统筹协调解决城市规划、建设、管理工作中的矛盾和问题，使城市规划、建设、管理工作有机结合，融为一体。

（二）如何做好行政许可工作

城市管理执法行政权力链条由行政许可、行政指导服务、行政处罚（包括行政强制）三个环节组成。做好城市管理执法体系的行政许可工作，是化解城市管理执法矛盾、促进社会和谐有序的第一个关键环节，是源头环节。城市管理执法工作中的很多矛盾，都是行政许可缺失造成的。

按照问题导向原则，涉及城市管理执法工作的，建议重点做好以下几个方面的行政许可工作：

（1）做好流动商贩的行政许可工作，利用“智慧城市管理APP”网络信息技术，开放“职业流动商贩”网上免费登记申请，只要身份证信息通过网上比对验证，城市管理执法机关即确认其“职业流动商贩”合法身份，发给身份识别二维码，建立“职业流动商贩”电子诚信档案数据库，并与工商行政执法机关、食品安全监督机关、公安机关等有关部门信息共享，使“职业流动商贩”成为阳光职业，方便依法规范管理。

（2）做好便民跳蚤市场、便民服务摊点行政许可工作。便民跳蚤市场主要是指设在小区、公园、广场、背街小巷的定时定点经营的摊点群，一个小区应至少有一个小型跳蚤市场，不固定经营者，场所选定和经营时段确定由社区居委会、业主委员会和物业服务机构共同拟订，报城市管理执法机关核准登记，并建立“便民跳蚤市场”电子档案数据库，并与工商行政执法机关、食品安全监督机关等有关部门信息共享，方便依法规范管理。

便民服务摊点主要是指道路两侧独立设置的定时定点经营摊点，根据市民生活需求设置，固定经营者，由城市管理部门广泛征求市民意见后拟订便民服务摊点布点规划方案并说明理由，城市规划行政主管部门核准。城市管理执法机关建立“便民服务摊点”电子档案数据库，并与工商行政执法机关、食品安全监督机关等有关部门信息共享，方便依法规范管理。

（3）做好广告店招牌匾行政许可工作。广告店招牌匾的设置，矛盾比较集中，一是行政许可机关与城市管理执法机关相分离造成行政许可机关与城市管理执法机关的矛盾，二是以领导审美眼光为准、随意性较大、经常要求强制拆除、强制更新造成业主商户与城市管理执法机关的矛盾。建议今后广告店招牌匾的设置统一归口由城市管理执法机关核准，核准之前应先编制市区户外广告空间布局规划和店招牌匾设置规范。市区户外广告牌位通过网上竞价获得经营权、发布权，发布广告内容由工商行政机关核准。

（4）做好农民宅基地行政许可工作。一些城市几年十几年冻结农村宅基地的行政许可工作，不能满足新成年农民的成家居住需求，导致农村特别是城中村、城市近郊区乡村违法违章建筑疯狂生长，矛盾最终全部积压到城市管理执法机关，造成一些城市管理伤亡事件。为此，建议县（市、区、旗）国土资源部门应当每年至少新批一次宅基地建设用地，以化解矛盾。若原居住区域为规划控制区不宜新建农民住宅，应通过政府宅基地现金补偿方式引导农民进城购买商品住宅，或在其他区域异地安排宅基地。

（5）做好停车场地行政许可工作。大中城市停车位供需矛盾十分突出，矛盾也都积压到城市管理执法机关。城市规划部门应通过科学规划增加停车场地的空间供给，城市建设部门应将配建足够的停车位纳入建设工程设计方案刚性要求，城市管理部门应挖掘现有空间资源潜力，将可以用来停车的场地尽可能多地划设为停车位。停车费的收取标准建议按人口聚集度分级，一平方公里一天人口流动量低于一万人次的区域免费停车，人口聚集度超过此标准的适当收费，但停车不超过 45 分钟的不得收费，具体收费标准由市、县、区、旗物价部门依据本地经济水平核准。

（6）做好建筑渣土堆放场地的行政许可工作。我国依然处在城市化的快速发展期，建筑渣土产生量巨大，除了少数地理条件特殊城市建筑渣土可以 100% 资源化再利用之外，绝大多数城市建筑渣土堆放场地矛盾都十分突出。在做好建筑渣土资源化网络交易平台建设的同时，建议城市管理部门应尽可能多的核准建筑渣土堆放场地以满足城市发展需求，但核准前须做好环境评价、安全评价和后续开发利用规划，避免重演深圳渣土山垮塌悲剧。

（三）如何做好行政指导和行政服务工作

在做好行政许可工作的同时，城市管理执法机关接续做好行政指导服务工作，就会大大减少行政处罚案件数量，也就会大大降低行政成本，大大提高行政效能，大大促进社会和谐。

城市管理执法机关行政指导服务工作重点建议包括以下几个方面：

（1）做好便民市场、跳蚤市场、便民服务摊点的宣传引导与保洁服务，做好便民服务摊点、报刊亭的形象设计与定期更新，使之成为城市的一道景观。

（2）组织流动商贩建立自治组织，引导流动商贩自我教育，自我约束，自我管理。

（3）持之以恒对全体市民、管理服务对象、执法对象进行法治教育、公德教育、城市生活知识教育，提高市民尤其是新市民文明素质和守法意识。

（4）开通“智慧城市管理 APP”，方便市民查阅所有与城市管理执法有关的信息，比如便民市场、跳蚤市场、农贸市场、便民摊点的分布智能地图，公厕智能地图，停车位智能地图，垃圾分类投放点智能地图，建筑渣土堆放点智能地图、城市管理执法网格智能地图、生活服务信息小广告张贴栏分布点智能地图等，并可直接通过“智慧城市管理 APP”向“人民政府城市综合管理指挥中心”投诉反映问题，以及对城市管理执法工作提出意见建议。

（5）制定好广告牌匾店招制作规范，明确尺寸规格、内容要求、材质要求、审美效果等，并建立网上送审报批服务系统，方便商家，降低成本。

（6）推广使用无烟烧烤技术和产品，既满足市民的生活需要，又减少城市的环境污染，化解公众、城市管理与烧烤商贩的矛盾。

（7）以小区、社区为主，设置遍布市区各个角落的生活服务信息小广告张贴栏，满足市民生活需要，减少野广告牛皮癣。

（8）引导、支持企业研发油烟污染、噪声污染、异味污染现场即时检测打印一体化手持便携式技术产品，解决此类行政处罚案件城市管理执法人员取证难的问题。

（四）如何做好行政处罚工作

行政处罚权是一种威慑力量，是保障行政许可正确实施的最后一道防线，不到万不得已不能随便使用，更不能滥用。

只要执法对象能够改正错误、愿意改正错误，都不要轻易使用行政处罚权。频繁使用尤其是滥用行政处罚权，会使行政处罚的威慑力荡然无存，且会激化社会矛盾。

城市管理领域行政处罚是一种“集体受益、个体损益”行为，任何一个行政处罚决定都是对执法对象的一次个体利益损害，会激起执法对象及其亲朋好友的怨愤，长年累月，怨愤越积越多，城市管理就会成为公众的“仇人”，所以，不动用或少动用行政处罚权而能管理好城市，才是城市管理的最佳境界，即“和谐城管”的境界。

1. 如何做好“教育与处罚相结合”工作

教育与处罚相结合，是《中华人民共和国行政处罚法》确立的基本原则，但这个原则长期以来在部分城市没有得到很好的贯彻，以至于城市管理执法人员与执法对象之间的矛盾愈演愈烈。做好“教育与处罚相结合”工作，95% 以上的城市管理矛盾都可以化解。

首先，应通过城市管理进校园、进社区、进机关、进企业、进村居、进店铺等各种有效活动方式全面做好城市管理普法宣传工作，让所有城乡居民熟悉了解涉及城市管理的法律法规和现代城市生活规则。经济条件较好的城市，还可编印《城市生活常识》免费发到各家各户，供大家学习。

其次，应和广播、电视、报刊、网络等媒体密切合作，结合城市管理执法典型案例、月度考核通报，开展城市管理普法宣传教育。

再次，应在具体执法过程中做到教育在先、处罚在后，坚决杜绝“不教而诛”，城市管理执法人员面对违法违规当事人首先必须是善意批评教育，指出违法违规的依据，提出整改的要求和方法，只要当事人愿意自己纠正的，就达到了城市管理执法目的，就不能再进行罚款、扣物处罚。广东省中山市是“6+x”以后才处罚，即批评教育 6 次以后依然不改正的才处罚，各城市可以参考。对于累教不改的，应当重罚严管，罚到他再也不敢违法违规，真正起到行政处罚的威慑作用。

对于与黑恶势力勾结的，还要移交司法机关依法严厉打击。

最后，对于处罚过的当事人，应主动回访做好处罚后的心理疏导和情感抚慰工作，有实际困难的尽可能给予帮助解决实际困难，化解怨恨，对口帮扶，通过一人教育一片。

2．如何规范城市管理行政执法程序

程序合法是文明执法的重要方面，如果城市管理执法人员在执法过程中程序不合法，其行政处罚结果可能不会得到人民法院的支持。

城市管理执法人员面对违法违规案件，应按以下程序依法处理：

第一步，出示证件，亮明身份，说明管辖权。先对执法相对人说“您好”并敬礼，出示省级人民政府颁发的《行政执法证》，亮明身份，明示管辖权限及其权力来源法律依据。“示证”过程是城市管理执法程序合法的第一步，城市管理执法人员须用执法记录仪完整详细记录，以便行政诉讼时提供给法官作为证据，同时要提示执法对象拍照、录像或抄写记录城市管理执法官的《行政执法证》信息。

第二步，依法调查取证，对当事人进行批评教育。确认违法违规当事人身份信息，查清并指出违法违规事实，告知处罚依据和可能受到的处罚结果，对当事人进行普法说理批评教育，提出整改的具体要求。依法调查取证的过程，也是普法宣传教育的过程，切记与当事人密切联系沟通，如果当事人积极配合城市管理执法，立即整改到位，到此终结，只保存调查取证资料，不作进一步处罚。如果当事人不接受批评教育，拒绝按要求整改，即进入第三步。

第三步，固定证据，完善案卷。城市管理执法证据绝大部分是易消逝或无法移动证据，证据固定主要依靠执法记录仪音像资料或现场拍照、录像、录音。少量实物证据可在当事人无异议的情况下运回城市管理执法机关暂时保存（禁止抢夺），给予出具暂时保存物品清单。固定实物证据时，瓜果蔬菜鱼肉等易腐烂物品或禽蛋、玻璃制品等易碎品建议不运回城市管理执法机关保存，应采用录像、拍照等方式固定证据。固定证据，完善案卷后，承办案件的城市管理执法官提出行政处罚决定初步意见并知会当事人，当事人如无异议即可按程序签署发出“行政处罚决定书”，直接进入第五步；如果当事人有异议，进入第四步。

第四步，陈述、申辩与听证。适用于当事人有异议的行政处罚案件。当事人对城市管理执法机关拟做出的行政处罚决定有异议的，当事人有权力到城市管理执法机关进行陈述、申辩或申请组织“听证会”，陈述、申辩或听证应由与当事人无利害关系的局法制科工作人员或案审委员会成员接待或主持，听证员2人由局法制科工作人员或案审委员会成员担任，听证监督员由局纪检组长（监察室主任）担任或邀请人大代表、政协委员、媒体记者、法官、检察官担任，申辩或听证时办案城市管理执法官和当事人双方应就案件的违法违规证据进行示证质证，并就处罚依据、拟裁量处罚结果进行辩论，听证过程中应充分听取当事人或当事人代理人、证人的意见，事实和理由成立的应予采纳，申辩、听证后形成的现场笔录应由双方签字确认作为“案审委员会”最终处罚裁量的重要依据。城市管理执法机关不能够因为当事人要求陈述、申辩、听证而加重处罚。凡不涉及国家机密、商业机密、个人隐私的案件，应公开听证，允许公民凭本人身份证申请旁听，旁听公民应承诺遵守听证会场秩序，否则城市管理执法机关可取消其旁听资格将其请出听证会场。

第五步，公开城市管理执法信息，接受社会各界监督。城市管理执法机关所有行政处罚案件，都应在官方网站信息公开，公开内容包括处罚依据、违法违规证据、处罚结果以及如果当事人不服处罚提起行政复议或行政诉讼的方式和途径，接受社会各界监督。

当事人不服城市管理执法机关行政处罚的，可以到本市、县、区、旗人民政府或上一级城市管理执法机关申请行政复议，也可以直接到本市、县、区、旗人民法院提起行政诉讼。行政复议或行政诉讼的结果，城市管理执法机关也应在官方网站信息公开。

3．如何规范城市管理执法法律文书与案卷档案

规范法律文书与案卷档案是城市管理执法工作的基本功。建议市、县、区、旗城市管理执法机关制定《法律文书与案卷档案管理规范》，安排专职人员，严格城市管理执法法律文书与案卷档案管理。法律文书档案规范化了，城市管理执法工作也就基本规范化了。

城市管理执法常用法律文书参考样本如下：

城市综合管理与行政执法案卷封面

<table>
<tr><td colspan="4" align="right">年度　　字第　　号</td></tr>
<tr><td>案 由</td><td colspan="3">（简述主要违法事实）</td></tr>
<tr><td>当事人</td><td colspan="3">（详列本案件涉及的每一个当事人）</td></tr>
<tr><td>执法人员</td><td>（处理本案件的两名以上有合法执法资格的城管执法人员姓名）</td><td>记录人</td><td>（该案件的主要记录人员姓名）</td></tr>
<tr><td>立案日期</td><td>（城管执法机关负责人批准立案的日期）</td><td>结案日期</td><td>（城管执法机关负责人批准结案的日期）</td></tr>
<tr><td>处罚决定</td><td colspan="3">（行政处罚决定书编号）</td></tr>
<tr><td>复议决定</td><td colspan="3">（行政复议决定书编号）</td></tr>
<tr><td>法院判决</td><td colspan="3">（法院判决书编号）</td></tr>
<tr><td>归档日期</td><td colspan="3">（由负责档案管理的具体工作人员据实填写）</td></tr>
</table>

城市综合管理与行政执法案卷目录

序 号	处罚文书、证据资料等名称 （按查办案件顺序形成的文书、资料分类列明）	页 号

城市综合管理与行政执法案件登记表

序号	收案时间	案件来源	案件类别	案由	当事人	立案时间	处理情况	行政复议或诉讼情况	执行情况	结案时间	办案人	备注

城市综合管理与行政执法案件受理登记表

××受案字[　　]第　　号

<table>
<tr><td rowspan="2">案件来源</td><td colspan="8">□投诉　□举报　□巡查发现　□上级交办　□媒体披露　□其他</td></tr>
<tr><td>单位名称或个人姓名</td><td colspan="3"></td><td colspan="2">联系方式</td><td colspan="2"></td></tr>
<tr><td>受案时间</td><td colspan="2"></td><td>案发时间</td><td></td><td>案发地点</td><td colspan="3"></td></tr>
<tr><td rowspan="5">当事人情况</td><td rowspan="3">□单位</td><td>名称</td><td colspan="3"></td><td rowspan="2">负责人</td><td>姓名</td><td></td></tr>
<tr><td>组织机构代码</td><td colspan="3"></td><td>职务</td><td></td></tr>
<tr><td>住址</td><td colspan="3"></td><td colspan="2">联系电话</td><td></td></tr>
<tr><td rowspan="2">□公民</td><td>姓名</td><td></td><td>性别</td><td></td><td colspan="2">年龄</td><td></td></tr>
<tr><td>住址</td><td colspan="3"></td><td colspan="2">联系电话</td><td></td></tr>
<tr><td>受案记录</td><td colspan="8">签字：　　　年　月　日</td></tr>
<tr><td>受理人建议</td><td colspan="8">签字：　　　年　月　日</td></tr>
<tr><td>执法机关负责人意见</td><td colspan="4">签字：　　　年　月　日</td><td>备注</td><td colspan="3"></td></tr>
</table>

x x x城市综合管理与行政执法局

停工（核查）通知书

××停字[　　]第　　号

______（当事人）______：

经查，你（单位）于____年___月___日，在________________________，进行____________________的行为。根据______________________________________的规定，__________________________________。

因你（单位）未能提供上述行为之合法依据，现责令你（单位）自接到本通知之日起，立即停止上述行为，并于______年______月_____日____午，携带下列材料到__________________________听候处理：

1. 对上述行为的书面说明或检查；

2. __________________________；

3. __________________________。

逾期不到或继续上述行为的，本机关将依法处罚。

特此通知

（城市管理执法机关印章）

年　　月　　日

当事人签字:____________________________ 时间:_______年______月_____日

执法人员签字:__________________________ 时间:_______年______月_____日

（一式两联，一联存根，一联交当事人）

x x x城市综合管理与行政执法局

责令改正通知书

××改字[　　]第　　号

__________（当事人）__________：

经查，你（单位）于____年___月___日，在________________________，进行____________________的行为。不符合《_________________________________》第______条第_____款第______项的规定，现责令你（单位）立即改正。

逾期不改正的，本机关将依法处罚。

特此通知

（城市管理执法机关印章）

年　　月　　日

当事人签字:___________________________ 时间:_______年______月_____日

执法人员签字:___________________________ 时间:_______年______月_____日

（一式两联，一联存根，一联交当事人）

x x x城市综合管理与行政执法局
证据先行登记保存通知书

××登存字[　　]第　　号

______________________________：

经查，你（单位）于______年____月____日，在________________进行的行为，本机关拟对你（单位）上述行为作进一步查处。根据《中华人民共和国行政处罚法》第三十七条第二款的规定，决定对你（单位）的下述物品作为证据予以先行登记保存。

登记保存期间，由下述保管人负责妥善保管，任何单位和个人不得销毁或转移，否则将依法追究有关行为人的法律责任。

编号	名称	规格型号	单位	数量	备注
1					
2					
3					
4					
5					

保存地点		保 管 人	
保存方式		见 证 人	
当 事 人		执法人员	

注：鲜活农产品、易腐易碎品采用影像存证，不得登记保存。

（城市管理执法机关印章）

年　　月　　日

签发人（签名）：____________________

(共三联，一联存卷，一联交当事人，一联交仓库)

x x x城市综合管理与行政执法局

催 告 通 知 书

________________：

你(单位)因______年_____月____日，在________________________进行____的行为，涉嫌违反________________________________，本机关依法对你（单位）的有关证据进行了先行登记保存（××登存字[　　]第　　号）。

现催告你（单位）自接到本催告书之日起三日内前来本机关处理（地址：×××××××路×××号，电话：×××××××××）。

（城市管理执法机关印章）

年　　月　　日

当 事 人（签名）：__________________

送 达 人（签名）：__________________

(共两联，一联存卷，一联交当事人)

x x x城市综合管理与行政执法局

案 件 移 送 单

XX 移字[　　]第　　号

<table>
<tr><td>送往单位</td><td colspan="8"></td></tr>
<tr><td>案由</td><td colspan="8"></td></tr>
<tr><td rowspan="3">当事人</td><td>姓名</td><td></td><td>性别</td><td></td><td>年龄</td><td></td><td>住址</td><td></td></tr>
<tr><td>单位</td><td colspan="3"></td><td colspan="2">负责人姓 名</td><td></td><td>职务</td><td></td></tr>
<tr><td>住址</td><td colspan="3"></td><td colspan="2">联系方法</td><td colspan="3"></td></tr>
<tr><td>移送原因</td><td colspan="8"></td></tr>
<tr><td rowspan="5">移送材料</td><td colspan="3">材 料 名 称</td><td colspan="2">页 数</td><td colspan="3">份 数</td></tr>
<tr><td colspan="3"></td><td colspan="2"></td><td colspan="3"></td></tr>
<tr><td colspan="3"></td><td colspan="2"></td><td colspan="3"></td></tr>
<tr><td colspan="3"></td><td colspan="2"></td><td colspan="3"></td></tr>
<tr><td colspan="3"></td><td colspan="2"></td><td colspan="3"></td></tr>
<tr><td colspan="4">移送单位</td><td colspan="5">接受单位</td></tr>
<tr><td colspan="4">（XXX 城市综合管理与行政执法局）
经办人:　　　　　签发人:
年　月　日　　　年　月　日</td><td colspan="5">经办人:　　　　年　月　日</td></tr>
<tr><td>备注</td><td colspan="8"></td></tr>
</table>

（一式两联，一联存卷，一联交送往单位）

x x x城市综合管理与行政执法局

案 件 立 案 审 批 表

××立案字[ ]第 号

<table>
<tr><td rowspan="5">当事人情况</td><td rowspan="3">□法人
□其他组 织</td><td>名 称</td><td colspan="3"></td><td>负责人姓 名</td><td></td></tr>
<tr><td>组织机构代码</td><td colspan="3"></td><td>职 务</td><td></td></tr>
<tr><td>住 址</td><td colspan="3"></td><td>联 系 电 话</td><td></td></tr>
<tr><td rowspan="2">□公民</td><td>姓 名</td><td></td><td>性别</td><td></td><td>身份证号</td><td></td></tr>
<tr><td>住 址</td><td colspan="3"></td><td>联 系 电 话</td><td></td></tr>
<tr><td>案 件 来 源</td><td colspan="7"></td></tr>
<tr><td>案情摘要</td><td colspan="7"></td></tr>
<tr><td>办案人意见</td><td colspan="3">签名：
年 月 日</td><td>执法单位意见</td><td colspan="3">签名：
年 月 日</td></tr>
<tr><td>领导审批意见</td><td colspan="3">签名：
年 月 日</td><td>备 注</td><td colspan="3"></td></tr>
</table>

x x x城市综合管理与行政执法局

现 场 检 查 笔 录

<table>
<tr><td rowspan="5">当事人情况</td><td rowspan="3">□法人
□其他组 织</td><td>名 称</td><td colspan="3"></td><td>负责人
姓　名</td><td></td></tr>
<tr><td>组织机
构代码</td><td colspan="3"></td><td>职　务</td><td></td></tr>
<tr><td>住 址</td><td colspan="3"></td><td>联 系
电 话</td><td></td></tr>
<tr><td rowspan="2">□公民</td><td>姓 名</td><td></td><td>性别</td><td></td><td>年　龄</td><td></td></tr>
<tr><td>住 址</td><td colspan="3"></td><td>联 系
电 话</td><td></td></tr>
<tr><td>现场检查
记录情况</td><td colspan="7">记载勘验的时间、地点、勘验人、在场人、勘验的经过和结果</td></tr>
<tr><td rowspan="2">现场勘察示意图</td><td colspan="5" rowspan="2">（可另附图）</td><td colspan="2">示意图说明</td></tr>
<tr><td colspan="2">时间：
方位：
绘制人姓名和身份：
需要说明内容：</td></tr>
<tr><td>当事人</td><td colspan="3">签字：　　　年　月　日</td><td>见证人</td><td colspan="3">签字：　　　年　月　日</td></tr>
<tr><td>勘查人</td><td colspan="3">签字：　　　年　月　日</td><td>记录人</td><td colspan="3">签字：　　　年　月　日</td></tr>
</table>

x x x城市综合管理与行政执法局

询 问 笔 录

案由：____

时间：______年____月____日____午____时____分至____时____分

地点：____

调查询问人：________________________ 记录人：______________

被调查询问人：__________ 性别：______ 出生年月：____________

工作单位：______________ 职务：________身份证号码：__________

住址：________________ 邮政编码：________ 电话：__________

问：我们是（城市管理执法机关名称）的行政执法人员×××、×××，这是我们的执法证件，证件号码分别是__________、__________，请你过目。

答：我看过了。

问：今天我们就（…………）向你进行依法询问，请你配合我们进行调查，据实向我们反映情况。如作伪证，是要承担相应法律责任的。

答：好的。我清楚了。我会如实反映情况的。

问：为保障你（单位）的合法权益，及时告知您相应的权利，请问你的联系方式和具体通信地址？

答：____

____

____

被询问人：（签名）

第　页/共　页

x x x城市综合管理与行政执法局

案 件 处 理 审 批 表

××案审字[　　]第　　号

<table>
<tr><td colspan="2">案　由</td><td colspan="4"></td><td>承办部门</td><td></td></tr>
<tr><td rowspan="5">当事人情况</td><td rowspan="3">□法人
□其他组织</td><td>名称</td><td colspan="3"></td><td>负责人姓　名</td><td></td></tr>
<tr><td>组织机构代码</td><td colspan="3"></td><td>职　务</td><td></td></tr>
<tr><td>住　址</td><td colspan="3"></td><td>电　话</td><td></td></tr>
<tr><td rowspan="2">□公　民</td><td>姓　名</td><td></td><td>性别</td><td></td><td>年　龄</td><td></td></tr>
<tr><td>住　址</td><td colspan="3"></td><td>电　话</td><td></td></tr>
<tr><td>案件事实经过以及主要证据</td><td colspan="7"></td></tr>
<tr><td colspan="2">办案人处理意见及法律依据</td><td colspan="3">签字：　　　　年　月　日</td><td>执法单位意见</td><td colspan="2">签字：　　　　年　月　日</td></tr>
<tr><td colspan="2">法制部门审核意见</td><td colspan="3">签字：　　　　年　月　日</td><td rowspan="2">备注</td><td colspan="2" rowspan="2"></td></tr>
<tr><td colspan="2">领导审批意见</td><td colspan="3">签字：　　年　　月　　日</td></tr>
</table>

x x x城市综合管理与行政执法局

行政处罚事先告知书（一）

××告字[　　]第　　号

______________________：

经查，你（单位）于________年________月__________日，

在________________________________，进行____________________

________________________行为，违反了________________________

__________________________________的规定，本机关拟对你（单位）作

出____的行政处罚。

根据《中华人民共和国行政处罚法》第三十一条、第三十二条的规定，你（单位）有权进行陈述和申辩。

请你（单位）在收到本通知书之日起三日内向__________________（地址：______________________________号）进行陈述和申辩。联系电话：_______________。

逾期视为放弃上述权利。

（城市管理执法机关印章）

年　月　日

当事人（签名）：____________________

x x x城市综合管理与行政执法局

行政处罚事先告知书（二）

××告字[　　]第　　号

________________________：

经查，你（单位）于________年_____月_____日，在____________________

____，

进行____的行

为，违反了____

____的规定。

根据____

____的规定，本机关决定拟对你

（单位）作出____的

行政处罚。

根据《中华人民共和国行政处罚法》第三十一条、第三十二条和第四十二条的规定，你（单位）有权要求陈述和申辩，并有权要求举行听证。请你（单位）在收到本通知书之起三日内向________________________________（地址：________________________号）进行陈述、申辩，或提出听证要求。联系电话：________________。

逾期视为放弃上述权利。

（城市管理执法机关印章）

年　　月　　日

当事人（签名）：________________________

x x x城市综合管理与行政执法局

行政处罚不予听证通知书

××不听字[　　]第　　号

______________________________：

根据《中华人民共和国行政处罚法》第四十二条的规定，你（单位）就___
____________________________________一案提出的听证要求，因（□超过法定期限 □不符合听证条件 □明确放弃听证权利后再次提出听证要求 □以书面形式撤回听证要求后再次提出听证要求 □其他情况），本机关决定不予举行听证。

特此通知

（城市管理执法机关印章）

年　　月　　日

当事人（签名）：______________________

x x x城市综合管理与行政执法局

行政处罚听证通知书

××听字[　　]第　　号

________________________：

应你（单位）的要求，现决定于____年___月__日__时，在_________（地址：__________________________），就______________________________一案举行听证。本次听证由_____________担任主持人。联系电话：_______________。

请你（单位）届时凭本通知和相关身份证明准时参加，若无故缺席，视为放弃听证。

在前来参加听证前，请你（单位）做好以下准备：

1. 携带有关证据材料；
2. 通知有关证人出席作证；
3. 如申请主持人回避，请及时告知本机关，并陈述申请主持人回避的理由；
4. 如需委托代理人的，应填写听证委托书。

（城市管理执法机关印章）

年　　月　　日

当事人（签名）：_________________________________

x x x城市综合管理与行政执法局

行政处罚听证公告

××听公字[　　]第　　号

根据《中华人民共和国行政处罚法》第四十二条的有关规定，本机关决定于______年_____月____日____时，在________________________________公开举行____一案的听证。

特此公告

（城市管理执法机关印章）

年　　月　　日

x x x城市综合管理与行政执法局

行政处罚听证笔录

案　由:______________________________

时　间:__________ 地　点:__________ 方　式:__________

主持人:__________ 听证员: __________记录人: __________

案件调查人: ______________________________

当事人	公民		性别		年龄		工作单位	
	单位				负责人		职务	
委托代理人	姓名		性别		年龄		工作单位	
	姓名		性别		年龄		工作单位	

证人: ______________________________

____

其他人员: ______________________________

____

兹将听证内容记录如下:

____

____

____

____

____

____

第　页/共　页

x x x城市综合管理与行政执法局

行政处罚听证意见书

案　由：________________

时　间：________ 地　点：________ 方　式：________

主持人：________ 听证员：________记录人：________

案件调查人：________________

<table>
<tr><td rowspan="2">当事人</td><td>公民</td><td></td><td>性别</td><td></td><td>年龄</td><td></td><td>工作单位</td><td></td></tr>
<tr><td>单位</td><td colspan="3"></td><td>负责人</td><td></td><td>职务</td><td></td></tr>
<tr><td rowspan="2">委托代理人</td><td>姓名</td><td></td><td>性别</td><td></td><td>证件号</td><td></td><td>工作单位</td><td></td></tr>
<tr><td>姓名</td><td></td><td>性别</td><td></td><td>证件号</td><td></td><td>工作单位</td><td></td></tr>
</table>

证　人：________________

其他人员：________________

受本机关负责人指定，由本人担任听证主持人，和听证员×××、×××一起就________________一案组织听证。

现提出听证意见如下：________________

____

____

____

____

听证主持人：（签名）

听证员：（签名）

听证员：（签名）

年　月　日

第　页/共　页

x x x城市综合管理与行政执法局

陈述、申辩、听证情况处理审批表

（　　）第　　号

<table>
<tr><td rowspan="2">案　由</td><td colspan="2" rowspan="2"></td><td>办案单位</td><td></td></tr>
<tr><td>办 案 人</td><td></td></tr>
<tr><td>当事人</td><td colspan="2"></td><td>类　别</td><td>□陈述□申辩□听证</td></tr>
<tr><td>当事人提出的事实与理由</td><td colspan="4"></td></tr>
<tr><td>是否需要变更撤销处罚内容</td><td>□需要撤销
□需要变更
□不需要</td><td>变更
撤销
属性</td><td colspan="2">□ 执法主体错误□事实不清□证据不足
□ 适用法律错误□程序违法□具有减轻情节
□ 具有从轻情节□具有从重情节</td></tr>
<tr><td>原处罚意见</td><td colspan="4"></td></tr>
<tr><td>现处罚意见</td><td colspan="4"></td></tr>
<tr><td>变更法律依据</td><td colspan="4"></td></tr>
<tr><td>办案单位
意　见</td><td colspan="4">负责人（签名）：　　　　年　月　日</td></tr>
<tr><td>法制
部门
意见</td><td>签名：
年　月　日</td><td colspan="2">城市执法
机关领导
审批意见</td><td>签名：
年　月　日</td></tr>
</table>

x x x 城市综合管理与行政执法局
当场处罚决定书

XX 当罚字 [　　]第　　号

<table>
<tr><td rowspan="5">当事人</td><td rowspan="3">□法人
□其他组织</td><td rowspan="2">名称</td><td rowspan="2" colspan="3"></td><td>负责人
姓　名</td><td></td></tr>
<tr><td>职　务</td><td></td></tr>
<tr><td>住 址</td><td colspan="3"></td><td>联系电话</td><td></td></tr>
<tr><td rowspan="2">□公民</td><td>姓 名</td><td></td><td>性别</td><td></td><td>身份证号</td><td></td></tr>
<tr><td>住 址</td><td colspan="3"></td><td>联系电话</td><td></td></tr>
</table>

经查明，你（单位）于_____年____月____日，在____________________，进行____的行为，违反了____________________________第____条第_____款第______项的规定。根据____________________________第_____条___第____款第_____项的规定，决定给予_________________________的行政处罚。履行期限：________________________，履行地点和方式：____。

如你（单位）不服本决定，可以在接到本决定书之日起六十日内向______申请行政复议；也可以在三个月内直接向___________人民法院起诉。逾期不申请复议也不向法院起诉又不履行处罚决定的，本机关将依法申请人民法院强制执行。行政复议和行政诉讼期间，行政处罚决定不停止执行。

当事人签名或盖章：________________________ 时间：______年______月_____日

执法人员签名：____________ ____________ 时间：______年______月_____日

处罚地点：____

（城市管理执法机关印章）

年　　月　　日

x x x 城市综合管理与行政执法局

处 罚 决 定 书

XX 罚字 [　　]第　　号

________________________________ :

经查明，你（单位）于 ______________年 ______月 ______日，

在____，进

行____的行为，上述行为

由____证据予以证明。该行为

违反了__________________________________第_____条第_____款第____项的

规定，根据_________________________第_____条第_____款第____项的规定，

决定给予你（单位）___________________________________的行政处罚。

上述行政处罚决定的履行期限为：____________________，履行地点和方

式：____。

如你（单位）不服本决定，可以在接到本决定书之日起六十日内，

向__________________________________申请行政复议；也可以在三个月内直

接向_________________________人民法院起诉。逾期不申请复议也不向法院起

诉又不履行处罚决定的，本机关将依法申请人民法院强制执行。

行政复议和行政诉讼期间，行政处罚决定不停止执行。

（城市管理执法机关印章）

年　月　日

x x x城市综合管理与行政执法局

送 达 回 证

事　由			
受送达人			
送达地点			
送达文书 名称及文号			
收件人 签名或印章			
收到时间	年　月　日　时　分		
代收人证明 代收理由			
备 注			
签发人		送达人	

注：1. 送达文书交给受送达人本人，如本人不在可以交给其成年家属或所在单位负责人代收。

2. 如系代收，收件人应在收件人栏内签名或印章，并注明与受送达人的关系。

3. 受送达人或代收人拒绝接受或不签名、印章时，送达人可邀请其邻居或其他证人到场，说明情况，把文书留在其住处，在送达回证“备注”栏记明拒绝的事由和送达日期，由送达人签名，即认为已经送达。

x x x城市综合管理与行政执法局
重大行政处罚案件备案表

<table>
<tr><td>案由</td><td colspan="10"></td></tr>
<tr><td rowspan="3">当事人</td><td>姓名</td><td></td><td>性别</td><td></td><td>年龄</td><td></td><td>工作单位</td><td colspan="3"></td></tr>
<tr><td>单位</td><td colspan="5"></td><td>法人代表（负责人）</td><td></td><td>职务</td><td></td></tr>
<tr><td>住址</td><td colspan="5"></td><td>邮政编码</td><td></td><td>电话</td><td></td></tr>
<tr><td>案情摘要</td><td colspan="10"></td></tr>
<tr><td>处罚决定内容</td><td colspan="10"></td></tr>
</table>

（城市管理执法机关印章）

年　月　日

附：行政处罚决定书

x x x城市综合管理与行政执法局
行政处罚强制执行申请书

××强字[ ]第 号

本机关于_____年____月___日，依法对被处罚人______________________作出了______________________号行政处罚决定书，并于______年_____月____日送达。经查实，被处罚人在法定期限内，既未提出行政复议，也未向人民法院起诉，又未自动履行行政处罚决定。现根据《中华人民共和国行政处罚法》第五十一条规定，申请贵院依法强制执行。

此致

____________________人民法院

（城市管理执法机关印章）

年 月 日

附：《行政处罚决定书》一份及相关卷宗材料。

（一式两联，一联存卷，一联交人民法院）

延期（分期）缴纳罚款申请书

本人（单位）因 ____，

确实存在经济困难，无法立即足额缴纳规定数额的罚款，恳请贵单位批准暂缓或分期缴纳罚款。

此致

______________城市综合管理与行政执法局

申请人：（签名）

年　　月　　日

附：经济困难情况证明材料

x x x城市综合管理与行政执法局
延期（分期）缴纳罚款审批表

案　　由	
当 事 人	
行政处罚 决定书编号 及处罚内容	
当 事 人 申请延期（分期） 缴纳罚款理由	
核实情况 及拟办意见	承办人：　　　　　　年　　月　　日
部门负责人 审核意见	负责人：　　　　　　年　　月　　日
城市执法机关 领导审批意见	负责人：　　　　　　年　　月　　日

x x x城市综合管理与行政执法局
延期（分期）缴纳罚款通知书

××延（分）字[　　]第　号

________________________：

你（单位）________________________的行为，本机关已依法作出了罚款人民币____________元（大写）的行政处罚（______罚字[　　]第______号行政处罚决定书），现根据你（单位）的申请，本机关依据《中华人民共和国行政处罚法》第五十二条的规定，同意你（单位）：

□延期缴纳罚款。延长期至______年_____月_____日止。

□分期缴纳罚款：

第一期至_____年___月___日前，缴纳罚款__________元（大写）；

第二期至_____年___月___日前，缴纳罚款__________元（大写）；

____；

____；

____；

余额____________元（大写）至_____年___月___日止缴清。

履行地点和方式同行政处罚决定书。

逾期缴纳罚款的，依据《中华人民共和国行政处罚法》第五十一条第（一）项的规定，每日按罚款数额的百分之三加处罚款。加处的罚款在缴纳罚款时一并收缴。

（城市管理执法机关印章）

年　　月　　日

当事人（签名）：________________________

送达人（签名）：________________________

（共两联，一联存卷，一联交当事人）

x x x城市综合管理与行政执法局

复工通知书

××复字[　　]第　　号

______________________________：

经查，你（单位）于____年___月___日，在________________________，进行____________________的行为。根据____________________________________的规定，责令你（单位）自_____________年_____________月_____________日停工（核查）。

现经查验，你（单位）已按要求改正完毕。同意你（单位）自即日起复工。

特此通知

（城市管理执法机关印章）

年　月　日

当事人签字:____________________________ 时间:_______年______月_____日

执法人员签字:____________、____________ 时间:_______年______月_____日

（一式两联，一联存卷，一联交当事人）

x x x 城市综合管理与行政执法局

责令支付行政代履行费用通知书

××行费字[　　]第　　号

当　事　人：________________________法定代表人：________________

住（地）址：____

行政代履行事项：____

行政代履行地点：____

你（单位）________________________的违法行为曾被本机关责令改正（_____字[　　]第　　　号），由于逾期未自行改正，已于____年__月___日由本机关行政代履行完毕。依据______________________第______条第____款第_____项规定，所需费用共计____________元（大写）由你（单位）承担，请于____年___月___日前，交至____________________________________（地点：____________________________），逾期拒不缴纳的，本机关将依法申请人民法院强制执行。

（城市管理执法机关印章）

年　　月　　日

联 系 人：____________________

联系电话：____________________

当事人签字:__________________________ 时间:______年______月_____日

执法人员签字:___________、___________ 时间:______年______月_____日

（一式两联，一联存卷，一联交当事人）

x x x城市综合管理与行政执法局

案 件 结 案 审 批 表

<table>
<tr><td>案由</td><td colspan="8"></td></tr>
<tr><td rowspan="6">当事人情况</td><td rowspan="3">□法人
□其他组织</td><td rowspan="2">名称</td><td rowspan="2" colspan="3"></td><td>负责人姓 名</td><td colspan="2"></td></tr>
<tr><td>职 务</td><td colspan="2"></td></tr>
<tr><td>住 址</td><td colspan="3"></td><td>联 系 电 话</td><td colspan="2"></td></tr>
<tr><td rowspan="2">□公民</td><td>姓 名</td><td></td><td>性别</td><td></td><td>年 龄</td><td colspan="2"></td></tr>
<tr><td>住 址</td><td colspan="3"></td><td>联 系 电 话</td><td colspan="2"></td></tr>
<tr><td colspan="8"></td></tr>
<tr><td>受案日期</td><td colspan="2"></td><td>立案日期</td><td></td><td>结案日期</td><td colspan="3"></td></tr>
<tr><td>案情摘要</td><td colspan="8"></td></tr>
<tr><td>处理情况</td><td colspan="8"></td></tr>
<tr><td>执行情况</td><td colspan="3"></td><td>复议或诉讼情况</td><td colspan="4"></td></tr>
<tr><td>执法单位意见</td><td colspan="3">签名： 年 月 日</td><td>领导审批意见</td><td colspan="4">签名： 年 月 日</td></tr>
</table>

x x x城市综合管理与行政执法局

行政处罚案件卷宗

年度　　字第　　号					
案由					
当事人					
收案日期		立案日期		结案日期	
处理情况					
复议或诉讼情况					
执行部门					
办案人				记录人	
归档日期				档案号数	

x x x城市综合管理与行政执法局

行政处罚案件卷内文件目录

序号	文件标题	文号	日期	页号	备注
1	案件结案审批表				
2	案件受理登记表				
3	停工（核查）通知书				
4	核查情况登记表				
5	案件立案审批表				
6	现场笔录				
7	询问笔录				
8	案件处理审批表				
9	行政处罚事先告知书				
10	行政处罚（不予）听证通知书				
11	行政处罚听证公告				
12	行政处罚听证笔录				
13	行政处罚听证意见书				
14	行政处罚决定书				
15	送达回证				
16	行政处罚强制执行申请书				
17	复工通知书				
18	当事人身份证明材料				
19	案件事实证据材料 （按收集的时间先后顺序）				
20	当事人提供的陈述申辩材料				
21	案件执行情况材料（票据等）				
22	其他有关材料				

ｘｘｘ城市综合管理与行政执法局
行政处罚案件立卷、验卷情况记载

本案卷于_____年_____月_____日立卷； 本册连面带底共计_________页_____附物证袋； 内装_______________件。 立卷人_______________
本案卷于_______年_____月_____日经检验合格。 检验人________________

单位营业执照（事业单位法人证书）

证明内容：证明当事人身份

注：复印件上需加盖单位印章或其委托代理人签字

自然人身份证复印件

（身份证正面复印件）
（身份证背面复印件）

证明内容：证明当事人身份

注：复印件需当事人签字

法定代表人身份证复印件

（身份证正面复印件）
（身份证背面复印件）

证明内容：证明当事人身份

注：复印件上需加盖单位印章或其委托代理人签字

授权委托书

案件名称：____

委托人（当事人）：________________________________

证件名称：______________ 证件号码：______________________

被委托人：____

证件名称：______________ 证件号码：______________________

委托事项：

□ 陈述；

□ 申辩；

□ 听证；

□ 递交、领取法律文书；

□ 递交、查阅证据材料；

□ 履行行政处罚决定；

□ ____

____

此致

__________城市综合管理与行政执法局

委托人（当事人）：

年　　月　　日

附：被委托人身份证复印件

被委托人身份证复印件

（身份证正面复印件）
（身份证背面复印件）

证明内容：证明当事人身份

注：复印件上需加盖单位印章或其委托代理人签字

有关单位审批材料

（有关单位审批材料较多时，可复印附后，在此页列明材料名称和页数）

注：复印件上需加盖单位印章或其委托代理人签字

视听资料证据

<table>
<tr><td>收集时间</td><td></td><td>收集人</td><td></td></tr>
<tr><td>收集地点</td><td colspan="3"></td></tr>
<tr><td>收集方式</td><td colspan="3"></td></tr>
<tr><td colspan="4">证物照片粘贴处</td></tr>
<tr><td colspan="4">拍摄时间：　　　年　月　日　时　分
拍摄地点：
拍摄内容：
拍摄张数：共　　张第　　张
拍　摄　人：</td></tr>
</table>

x x x城市综合管理与行政执法局
采取（解除）强制措施审批表

案　　由	
当 事 人	
强制措施种类	
采取（取消）强制措施法律依据	
主要案情与理由	承办人：　　　　年　　月　　日
法制部门 审核意见	负责人：　　　　年　　月　　日
城市管理 执法机关 负 责 人 审批意见	负责人：　　　　年　　月　　日

x x x城市综合管理与行政执法局
暂扣物品（工具）决定书

××暂扣字[　　]第　　号

当事人：________　身份证件号码（或企业代码）：________

住址：______________________________

因____年___月___日在（违章地点）____________进行____________________________的行为，涉嫌违反了____________第______条第_____款第_____项的规定。依据____________第______条第______款第____项的规定，本机关决定对你（单位）的下列物品（工具）予以暂扣：

编号	名　称	规格型号	单位	数量	备注
1					
2					
3					
4					
5					
6					

你（单位）必须在_____年___月___日前到____________接受处理，逾期不到指定地点接受处理造成损失的，由你（单位）承担。

（城市管理执法机关印章）

年　月　日

当事人（签名）：____________

执法人员（签名）：________、________

(共三联，一联存卷，一联交当事人，一联交仓库)

x x x城市综合管理与行政执法局
被暂扣物品（工具）发还通知书

______________________：

你（单位）因____年___月___日在______________________________进行____的行为，涉嫌违反______________________________，本机关依法对你的有关物品（工具）进行了暂扣（××暂扣字[　　]第　　号）。

现通知你（单位）自接到本通知书之日起三日内前来本机关领回（地址：____，电话：___________________）。

逾期不领取的被暂扣物品（工具），将移交政府财政部门作为废旧物品变卖，变卖所得收归国库。

（城市管理执法机关印章）

年　　月　　日

当 事 人（签名）：____________________

送 达 人（签名）：____________________

(共两联，一联存卷，一联交当事人)

x x x城市综合管理与行政执法局
被暂扣物品（工具）发还清单

（　　）年度第　　号

<table>
<tr><td colspan="2">当 事 人</td><td colspan="5"></td></tr>
<tr><td colspan="2">住　　所</td><td colspan="5"></td></tr>
<tr><td colspan="2">暂扣物品(工具)
通知书文号</td><td colspan="5">×××扣字〔　　　〕第　　号</td></tr>
<tr><td colspan="2">发还时间</td><td colspan="5">年　　月　　日</td></tr>
<tr><td rowspan="9">发还物品或工具</td><td>序号</td><td>名　称</td><td>规格型号</td><td>数量/单位</td><td>备注</td></tr>
<tr><td>1</td><td></td><td></td><td></td><td></td></tr>
<tr><td>2</td><td></td><td></td><td></td><td></td></tr>
<tr><td>3</td><td></td><td></td><td></td><td></td></tr>
<tr><td>4</td><td></td><td></td><td></td><td></td></tr>
<tr><td>5</td><td></td><td></td><td></td><td></td></tr>
<tr><td>6</td><td></td><td></td><td></td><td></td></tr>
<tr><td>7</td><td></td><td></td><td></td><td></td></tr>
<tr><td>8</td><td></td><td></td><td></td><td></td></tr>
<tr><td colspan="7">对上述发还的被暂扣物品或工具，我（单位）已经进行清点核实无误。

当事人（签名）：　　　　　　　　　　年　　月　　日</td></tr>
<tr><td colspan="7">承办人（签名）：　　　　　　　　　　年　　月　　日</td></tr>
</table>

（城市管理执法机关印章）

年　月　日

（共两联，一联留仓库，一联存卷）

x x x城市综合管理与行政执法局
没收设施（物品）决定书

××没字[　　]第　　号

当事人：________________ 身份证号（或机构代码）__________

住　所：____

因 ______年 _____月 _____日 在 ______________________进 行的行为，违反了________________________第___条第___款第___项的规定，依据：____________________第___条第___款第___项的规定，本机关决定对下列物品予以没收：

编号	名　称	规格型号	单 位	数 量	备 注
1					
2					
3					
4					
5					
6					
7					
注	如本表填不下的，可附清单作为附件				

（城市管理执法机关印章）

年　月　日

当 事 人（签名）：________________

执法人员（签名）：__________、__________

（共三联，一联存卷，一联交当事人，一联交仓库）

x x x 城市综合管理与行政执法局
收 缴 物 品 通 知 书

××缴字[　　]第　　号

当事人：________________　住所：________________________________

因____年___月___日在______________________________进行_____
______________________________的行为，违反了________________________
____的规
定，依据____的规定，
本机关决定对下列物品予以收缴：

编号	名 称	规格型号	单 位	数 量	备 注
1					
2					
3					
4					
5					
6					
注	如本表填不下的，可附清单作为附件				

（城市管理执法机关印章）

年　　月　　日

当 事 人（签名）：________________

执法人员（签名）：________________

(共三联，一联存卷，一联交当事人，一联交仓库)

x x x城市综合管理与行政执法局

催 缴 通 知 书

××催字[　　]第　号

______________________________________：

经查，你（单位）于______年____月____日在__________________________

__________________进行____________________________________的行为，本机关已依法作出行政处罚（××罚字〔　　〕第　　　号行政处罚决定书），依据《________________________________》的规定，你单位还应当依法承担赔（补）偿责任，根据______________________________鉴定意见（____________号），由你单位向____________________缴纳赔（补）偿人民币______________元。

请你单位接到本通知书之日起____日内，先到________________（地址：______________________）缴纳赔（补）偿费用，然后到__________银行缴纳罚款或者委托__________________（ 地址：________________________）代缴。

特此催缴

（城市管理执法机关印章）

年　　月　　日

当 事 人（签名）：____________________________

执法人员（签名）：____________、_____________

（共两联，一联存卷，一联交当事人）

ｘｘｘ城市综合管理与行政执法局
违法（章）处理通知书

违法（章）当事人：______________________________

违法（章）地点：________________________________

违法（章）时间：_________________________________

违法（章）内容：____

____

____。

根据____的规定，限你（单位）自接到本通知之日起_____日内到_______________________________________接受调查处理。

（城市管理执法机关印章）

年　　月　　日

当事人（单位）签字:______________________　_______年______月_____日

执法人员签字:_____________、_____________　_______年______月_____日

（一式两联，一联存卷，一联交当事人）

x x x城市综合管理与行政执法局

关于对________________________违法建设

实施强制拆除的请示

______________人民政府：

为维护法律尊严，改善人居环境，提升城市形象，近期我局对_________位于______________________号的建筑（搭建）物依法进行了调查。

现已查明并确认，上述__________________当事人建设面积合计_______平方米，无国土、规划、建设等相关政府管理部门的行政许可文件，属于违法建设。我局按照法定程序依法进行了查处，违法建设事实清楚，证据确凿，适用法律法规准确，依法下达并送达了限期拆除通知书，责令责任人于_____年____月____日前自行拆除违法建设。但上述当事人未能如期履行自行拆除决定。

现依据___________________________第_____条第_____款第_____项之规定，报请___________人民政府批准实施强制拆除，并拟于______年______月___日由____________________依法组织强制拆除。

以上请示如无不妥，请批复。

（城市管理执法机关印章）

年　月　日

附：______________违法建设调查情况表

__________违法建设调查情况统计表

序号	当 事 人	违 建 地 点	违建类型	数量	违建面积（平方米）
1					
2					
3					
4					
5					
6					
7					
8					
9					
10					
11					
12					
13					
总计					

x x x 城市综合管理与行政执法局
依法强制拆除违法建设的通告

________________________________：

经查，你（单位）在____________（建筑面积______平方米）无国土、规划、建设等相关政府管理部门的批准文书，该行为违反了__________第____条第_____款第_____项、第____条第_____款第_____项的规定，本机关依据______________第______条第______款第______项的规定对你（单位）作出了限在_____年____月____日前自行拆除的决定，并于______年_____月____日将该决定送达于你（单位）。由于你（单位）逾期未能履行本机关作出的决定，依据________________第____条第____款第____项之规定，经报请__________人民政府批准，将予以强制拆除。限你（单位）务必于______年______月_____日前自行拆除上述违法建设和清理屋内物品，逾期仍不拆除的本机关将组织实施强制拆除。

特此通告

（城市管理执法机关印章）

年　月　日

x x x城市综合管理与行政执法局

限 期 拆 除 通 知 书

限字（　）第　　号

____________________________________：

经查，你（单位）在______________建设的________________平方米（1.建筑物；2.设施），不符合____________________________________等有关法律法规的规定，根据______________________________第____条的规定，现责令你（单位）在收到本通知书之日起_______日内自行拆除。逾期不拆除的，我局将依法定程序强制拆除。

按法律规定，你（单位）享有陈述、申辩和申请听证的权利。请你（单位）在收到本通知书三日内向______________________________进行陈述、申辩或申请听证。

（城市管理执法机关印章）

年　　月　　日

x x x城市综合管理与行政执法局

强 制 拆 除 决 定 书

强字（　　）第　　号

________________________________：

因你单位在指定的期限内未自行拆除在__________________建设的______平方米（1. 建筑物；2. 设施）。依据 ______________________________ 第 条的规定，经__________人民政府批准，现决定自_____年____月_____日起我局组织强制拆除。请在强制拆除之日前，自行清理存放于拆除建筑物内的财物。

如不服本决定，可以在接到本决定之日起六十日内，向_________________申请复议，也可以依法在收到本决定之日起三个月内直接向_______________人民法院起诉。复议或诉讼期间，本决定不停止执行。

（城市管理执法机关印章）

年　　月　　日

市、县、区、旗党委档案馆（局）负责指导城市管理执法机关执法档案保存管理工作，城市管理执法机关执法档案每年一次定时移交市、县、区、旗档案馆永久保存，同时开放城市管理执法电子档案供社会共享。

4．如何规范事业单位受委托执法行为

事业单位，包括目前部分市、县、区、旗事业单位性质的城市管理局，不具备城市管理执法主体资格，没有执法权。

事业单位可以通过政府行政机关依法授权获得城市管理执法权。

享有城市管理执法权的市、县、区、旗人民政府行政编制的政府组成部门“城市综合管理与行政执法局”，获得其他行政机关的行政处罚权，由国务院或国务院授权省级人民政府批准，不需要其他行政机关授权。

享有城市管理执法权的市、县、区、旗人民政府行政编制的政府组成部门“城市综合管理与行政执法局”，可以授权局内直属参公事业单位具体行使行政处罚权，但所有法律文书应加盖市、县、区、旗“城市综合管理与行政执法局”的公章，以市、县、区、旗“城市综合管理与行政执法局”的名义发出，加盖事业单位公章、以事业单位名义发出的行政处罚法律文书一律无效。

享有城市管理执法权的市、县、区、旗人民政府行政编制的政府组成部门“城市综合管理与行政执法局”，可以授权局外与城市管理工作密切相关的参公事业单位行使行政处罚权，但所有法律文书必须加盖市、县、区、旗“城市综合管理与行政执法局”的公章，以市、县、区、旗“城市综合管理与行政执法局”的名义发出，加盖事业单位公章、以事业单位名义发出的行政处罚法律文书一律无效。

市、县、区、旗事业单位性质的城市管理局（队），可以接受其他行政机关授权行使行政处罚权，但所有法律文书必须加盖授权行政机关的公章，以授权行政机关的名义发出，加盖事业单位城市管理局公章、以事业单位城市管理局名义发出的行政处罚法律文书一律无效。

事业单位，包括目前部分市、县、区、旗事业单位性质的城市管理局（队），在受权进行城市管理执法工作时，具体行使权力的工作人员也必须具有城市管理执法官资格，即拥有参公编制身份，并通过考试取得省级人民政府颁发的《行政执法证》。具体行使权力的工作人员在依法调查取证时，须向当事人说明受权执法法律关系，并须特别向当事人说明执法主体行政执法机关名称及职能。

事业单位，包括目前部分市、县、区、旗事业单位性质的城市管理局（队），在受权进行城市管理执法工作时，法律文书与卷宗档案管理按统一规范执行。

事业单位，包括目前部分市、县、区、旗事业单位性质的城市管理局（队），虽然没有行政处罚权，但有城市管理权、服务权，充分做好管理、服务工作，可以大大减少行政处罚。

5．如何掌握城市管理柔性执法的尺度

城市管理执法工作，有刚性的一面，但更多需要柔性、变通，每个城市都不可能完全一样，同一个城市不同地段也不可能一样，同一个城市同一个地点不同时段也会不一样，灵活变通，刚柔相济，才能达到“和谐城管”的美好境界。

城市管理柔性执法，重在把握以下几个原则：

第一，能不罚就不罚。只要能够通过批评教育解决问题、整改到位的，就要“柔”，不要扣物、罚款处罚。

第二，该强硬就强硬。对于那些累教不改，甚至妨碍公务、暴力抗法的，就要“刚”，要予以加重处罚，直至移交公安机关、司法机关依法严厉打击。

第三，因地制宜。全国人民代表大会已经把城市管理的立法权下放到设区城市，根本原因就是城市管理每个城市都不能够完全一样。比如广东省中山市，物质文明、精神文明已经基本达到欧美发达国家城市水平，经济繁荣，环境优美、就业充分，城市市容管理就可以略微严格一点，而中西部地区、东北地区，经济还比较落后，民生维艰，一些地方还没摆脱贫困，城市市容管理尺度就要放宽一些，对待流动商贩就要宽容一点。即使是在中山市，主干道禁止流动商贩，背街小巷还是要给流动商贩生存空间，不可能一个标准。而且全国各地传统文化、民风民俗不同，比如一些地方的传统集市、庙会也是不能取缔的，有的还要发扬光大。

第四，因时制宜。一些白天严格管理的大街或地段，一早一晚也可以开设早市、夜市方便市民生活。工作日严格管理的公园、广场，双休日、节假日也可以成为熙熙攘攘的跳蚤市场。

第五，民生是根本，和谐是目标。城市管理只能造福民生，不能断人活路。城市管理执法是解决问题、化解矛盾、促进和谐，不是扩大矛盾、激化矛盾、制造矛盾。个别城市管理执法人员貌似“刚正不阿”“严格执法”，其实是不知变通之道，把小问题闹成大问题，把小矛盾闹成大矛盾，甚至酿成公共事件，结果是祸国殃民，损害党和政府的形象。城市管理执法人员受纳税人供养，是市民的“勤务员”，是给群众“跑事儿的”，只要牢记“全心全意为人民服务”根本宗旨和“民生是根本，和谐是目标”这两句话，符合法治精神又便民、利民、惠民的“和谐城管”好办法就取之不尽，用之不竭，城市管理执法人员就会成为“最可爱的人”。

6．如何规范城市管理行政处罚案审委员会工作

建议各市、县、区、旗“城市综合管理与行政执法局”在法制处设立虚体议事机构“案审委员会”，并印发《“案审委员会”工作规范》，作为争议案件、疑难案件、重大案件的民主决策机制。

“案审委员会”组成人员建议由局党组（党委）正式发文任命，局长兼任“案审委员会”主任，分管法制的副局长兼任“案审委员会”执行主任，局法制处处长兼任“案审委员会”副主任，委员3人或5人（单数）由局内通过国家司法考试的法律专业人员担任，局内通过国家司法考试的专业人员名额不足时，由局内法律专业本科（含）以上法律专业人员担任。

城市管理执法争议案件、疑难案件、重大案件，在完成陈述、申辩、听证等程序之后，应提交“案审委员会”最后审议，按“少数服从多数”民主议事规则最终表决行政处罚预案，由局长签批成为生效的法律文件。

“案审委员会”原则上每周不少于一次会议，集中议决一周城市管理执法中遇到的争议案件、疑难案件、重大案件。

个别特殊案件，“案审委员会”应多次审议，确保公平、公正。

通过“案审委员会”集体民主决策议决的行政处罚案件，如果在之后的行政复议、行政诉讼中被否决，投赞成票的“案审委员会”委员应共同承担被问责责任。

7．如何做好典型案例分析会工作

建议各市、县、区、旗“城市综合管理与行政执法局”由法制处牵头每月或每两月组织一次“城市管理执法典型案例分析会”，拿出一两个典型性、普遍性的城市管理执法行政处罚案例集体分析讨论。

“城市管理执法典型案例分析会”建议由分管法制的副局长或法制处处长主持，邀请一名法官、一名检察官、一名警官、一名律师、一名城市管理专家教授作为嘉宾参与分析讨论，局内所有不出外勤的城市管理执法人员参与提问，互动学习。

开好“城市管理执法典型案例分析会”，对于提高城市管理执法人员工作水平至关重要，关键在选好案例、选好嘉宾，深入讨论，条分缕析。

每次“城市管理执法典型案例分析会”开过后，局法制处应形成办理同类案件的工作规范或指导意见，印发全体城市管理执法人员在今后工作中遵循。

8．如何化解行政处罚案件背后的人情风

化解城市管理执法“人情风”困扰，尤其是涉及标的物价值较大的案件，是保障城市管理执法公平、公正的重要方面。

化解城市管理执法“人情风”，主要方法有：

第一，实行“说情登记备案制度”，将何时、何地、何人、通过何种方式说情，一一详细记录在案，归入城市管理执法案卷归档，并抄报纪检监察机关。这一制度司法系统已经实施，建议城市管理执法系统全面推行。

第二，实行“城市管理执法案件信息第一时间网上公开制度”，城市管理执法机关接报违法违规信息，完成录入后建议第一时间在官方网站公开，必要时第一时间通过新闻媒体（网络）公开，形成社会舆论，不给当事人留下找人说情的时间空间。

第三，结合城市管理执法行政处罚案件陈述、申辩、听证制度，邀请人大代表、政协委员、媒体记者参与监督。

第四，建议将第一、第二制度化，印发相应工作规范或实施办法，对事不对人，尤其不要针对个案做上述方式处理，以免让上级领导对城市管理执法工作产生误解。

（五）如何做好行政强制工作

城市管理执法行政强制工作，是行政处罚工作的继续，也是行政处罚工作的一部分，即通过强制性手段履行行政处罚决定，因此行政强制是行政权力体系中最严厉的一种权力，也是行政权力体系内维护行政权威的最后一道保障措施。

城市管理行政强制只涉及物权，不涉及人权。城市管理执法机关不得侵犯公民人身自由权利。

城市管理执法系统涉及物权的行政强制主要包括：

强制拆除、清除、铲除违法违规建筑物、构筑物以及庄稼、苗木等其他土地附着物。此类情况，最为复杂，也是城市管理执法机关最为棘手的难题，一定要尽一切办法把违建消灭在萌芽状态，在施工过程中可简化程序直接强制拆除，减少群众损失和行政成本，这也是对党、对政府、对群众最大的负责任。违建业主如不服从城市管理执法机关命令终止违建，公安机关应以涉嫌妨碍公务为由予以拘留。如果违建已经建成，再强制拆除，群众损失和行政成本都会大大增加，甚至会像海口市秀英区一样酿成社会公共事件。强制拆除已经建成的违建，要严格遵守法定程序，应报请人民政府批准或提请人民法院裁定强制执行。部分城市城市管理执法机关变原告为被告的做法，即不走法定程序直接强制拆除违建让当事人到法院告诉城市管理执法机关，虽然有利于提高行政效率，法院一般也不会判决城市管理执法机关赔偿违建业主财产损失，但不符合法治精神，不宜提倡。

强制拆除、清除影响城市容貌的违法违规广告、牌匾、店招、标语、条幅等。此类情况，比较简单，依法处理即可。

做好城市管理执法行政强制工作，最关键的还是要通过规范行政强制法律文书保障程序合法，实现公平正义。

城市管理执法常用行政强制法律文书参考样式如下：

×××城市综合管理与行政执法局

行政强制措施及相关事项内部审批表

<table>
<tr><td>案由</td><td colspan="8"></td></tr>
<tr><td rowspan="4">当事人</td><td>单位名称</td><td colspan="3"></td><td colspan="2">法定代表人</td><td>职务</td><td></td></tr>
<tr><td>姓名</td><td></td><td>性别</td><td></td><td>职业</td><td></td><td>身份证号码</td><td></td></tr>
<tr><td>工作单位</td><td colspan="5"></td><td>电话</td><td></td></tr>
<tr><td>住所</td><td colspan="5"></td><td>邮政编码</td><td></td></tr>
<tr><td>申请审批事项</td><td colspan="8">□查封场所、设施、财物　□扣押财物　□冻结存款、汇款
□其他行政强制措施________________
□延长（行政强制措施种类）期限　□解除行政强制措施种类
□销毁（查封、扣押财物）　□拍卖（变卖）（查封、扣押财物）
□涉嫌犯罪，移送________　□其他处理方式________</td></tr>
<tr><td>法律依据</td><td colspan="8">承办人：　　年　月　日</td></tr>
<tr><td>承办部门意见</td><td colspan="8">负责人：　　年　月　日</td></tr>
<tr><td>法制部门意见</td><td colspan="8">审核人：　　年　月　日</td></tr>
<tr><td>领导审批意见</td><td colspan="8">审批人：　　年　月　日</td></tr>
<tr><td>备注</td><td colspan="8"></td></tr>
</table>

×××城市综合管理与行政执法局

行政强制措施现场笔录

案由：____

____

时间：________年_____月_____日_____时____分至_____时_____分

地点：____

记录人：____

城市管理执法人员及执法证件号码：____________、_____________

当事人姓名（名称）：__________________________________

法定代表人或负责人：_________________________________

住所（住址）：_______________________________________

联系电话：____

见证人：____

身份证（或其他有效证件）号码：____________________________

单位或者住址：_______________________________________

联系电话：____

现场情况及告知事项：（参加人员情况，行政执法人员出示证件、表明身份的记录，标的物情况，通知当事人到场及当事人是否到场情况，当场告知对当事人采取行政强制措施的理由、依据以及当事人依法享有的权利、救济途径和义务等）

____

____

当事人的陈述、申辩：_________________________________

____

____

____

____

____

第　页/共　页

×××城市综合管理与行政执法局

查 封（扣 押）决 定 书

____强查（扣）决字〔　　〕第　　号

当事人：____

地　址：____

经查，你（单位）涉嫌________________________________，

依据________________________第____条第____款第____项之规定，决定对你（单位）的________________________予以查封(扣押)。

查封（扣押）期限为____日，自______年____月____日起至______年____月____日止。如因检测、检验、检疫或者技术鉴定需要顺延期限的，或因情况复杂依法需要延长期限的，本机关将另行书面告知。在查封(扣押）期限内，你（单位）不得使用、销售、转移、损毁、隐匿。

查封（扣押）物品存放地点：________________________。

如不服本决定，你（单位）可以在收到本决定书之日起六十日内向__________人民政府或____（上一级行政机关名称）____申请行政复议；也可以在三个月内直接向__________人民法院提起行政诉讼。

（城市管理执法机关印章）

年　　月　　日

附件：查封（扣押）物品清单

注：本决定书一式三份，一份存卷，一份交当事人，一份给保管人

×××城市综合管理与行政执法局

查封（扣押）物品清单

第____页 共____页

行政强制措施决定书名称及文号：________________________________

序号	物品名称	规格型号	数量	生产日期（批号）	生产单位	物品特征	备 注
1							
2							
3							
4							
5							
6							
7							
8							

当事人签字:____________ 以上内容经核对无误。______年____月____日

见证人签字:____________ 以上内容经核对无误。______年____月____日

执法人员签字：__________ 执法证件号码：________________________

执法人员签字：__________ 执法证件号码：________________________

（城市管理执法机关印章）

年 月 日

×××城市综合管理与行政执法局

延长查封（扣押）期限决定书

____强查（扣）延字〔　　〕第　　号

当事人：______________________________

地　址：______________________________

因 ______________________________，本机关于________年______月______日依据________强查（扣）决字〔　　　〕第　　号查封（扣押）决定书，对你（单位）的________（场所、设施、财物的名称、数量等）________实施了查封（扣押）。

现因案件情况复杂，________（具体理由）________，依据《中华人民共和国行政强制法》第二十五条第一款的规定，经本机关负责人批准，决定延长查封（扣押）期限。延长期限为__________日，自______年________月________日起至________年________月________日止。

（城市管理执法机关印章）

年　　月　　日

注：本决定书一式三份，一份存卷，一份交当事人，一份交保管人

×××城市综合管理与行政执法局
检测、检验、检疫、技术鉴定期限告知书

____强检告字〔　〕第　号

________________________________：

本机关于______年____月____日，根据（行政强制措施决定书名称及文号），对你（单位）的______（场所、设施、财物的名称、数量等）______实施了（行政强制措施的种类）。

现因对上述物品需进行（检测/检验/检疫/技术鉴定），期间自____年___月___日起至____年___月___日止。

依据《中华人民共和国行政强制法》第二十五条第三款的规定，查封、扣押期间不包括检测、检验、检疫或者技术鉴定的期间。因此，对（行政强制措施决定书名称及文号）确定的行政强制措施期限顺延至____年____月____日止。

特此告知。

（城市管理执法机关印章）

年　月　日

注：本告知书一式两份，一份交当事人，一份存卷

×××城市综合管理与行政执法局

解除查封（扣押）决定书

____强查（扣）解字〔　　〕第　号

当事人：________________________________

地　址：________________________________

本机关于______年____月____日，对你（单位）作出了______强查（扣）决字〔　　〕第　　号查封（扣押）决定书。现因（解除查封、扣押的原因），根据《中华人民共和国行政强制法》第二十八条及（其他法律法规名称及条、款、项）的有关规定，决定对你（单位）被查封（扣押）的（场所、设施、财物的名称、数量等），自______年____月____日起依法予以（全部或部分）解除行政强制措施。其中对你（单位）的（场所、设施、财物的名称、数量等，或者被拍卖或变卖的款项）（详见《查封（扣押）物品清单》）予以退还，请你（单位）于______年____月____日前到（具体地点）领取。如有异议，可及时与本机关联系，以便妥善处理。

联系人：__________　联系电话：__________

（城市管理执法机关印章）

年　月　日

注：本决定书一式三份，一份存卷，一份交当事人，一份交保管人

×××城市综合管理与行政执法局

行政强制措施决定书

____强措决字〔　　〕第　　号

当事人：____

地　址：____

经查，你（单位）涉嫌______________________________，依据______________________________之规定，决定对你（单位）的______（被行政强制措施对象的名称、数量等）______予以____（行政强制措施的种类）______。

行政强制措施的期限为______日，自______年__月__日起至____年月____日止。如因检测、检验、检疫或者技术鉴定需要顺延期限或因情况复杂依法需要延长期限的，本机关将另行书面告知。在行政强制措施期限内，你（单位）不得__（使用、销售、转移、损毁、隐匿等）该（被行政强制措施的对象名称）__。

如不服本决定，你（单位）可以在收到本决定书之日起六十日内向__________人民政府或______（上一级行政机关名称）____申请行政复议；也可以在三个月内直接向___________人民法院提起行政诉讼。

（城市管理执法机关印章）

年　　月　　日

附件：被行政强制措施的物品清单

注：本决定书一式两份，一份交当事人，一份存卷

×××城市综合管理与行政执法局

解除行政强制措施决定书

_____强解决字〔　　〕第　　号

____：

本机关于__________年________月________日对你（单位）作出的________强措决字〔　　　〕第　　号行政强制措施决定书，现因__________________（解除行政强制措施的原因）____________，根据____的有关规定，决定对你（单位）被（强制措施种类）的（行政强制措施对象的名称、数量），自__________年____月______日起依法予以（全部或部分）解除行政强制措施。其中对你（单位）的（被行政强制措施对象的名称，或者被拍卖或变卖的款项）（详见《被行政强制措施的物品清单》）予以退还，请你（单位）于__________年______月______日前到（具体地点）领取。如有异议，可及时与本机关取得联系，以便妥善处理。

联系人：_______________　联系电话：__________________

（城市管理执法机关印章）

年　　月　　日

注：本决定书一式三份，一份交当事人，一份存卷，一份交保管人

×××城市综合管理与行政执法局

行政强制措施物品移送告知书

____强移告字〔　　〕第　　号

________________________________：

关于你（单位）________________________________一案，因________________________________，本机关已于________年______月______日将此案依法移送______（被移送机关名称）______处理。依据____（行政强制措施决定书及文号）____实施____（行政强制措施种类）____的______（行政强制措施对象的名称）______也已一并移送________（被移送机关名称）________。

联系人：______________　联系电话：______________

特此告知

（城市管理执法机关印章）

年　　月　　日

注：本告知书一式两份，一份交当事人，一份存卷

×××城市综合管理与行政执法局

催　告　书

____催告字〔　　〕第　　号

______________________________：

因______________________________，本机关依据______________________________的规定，于______年______月______日对你（单位）作出______________________________，要求你（单位）于（履行义务的期限），（履行义务的方式及内容），而你（单位）至今未履行该义务。

现特作如下催告：

1. 请于本催告书送达之日起________日内履行上述义务，如对履行该义务有陈述、申辩意见，请在该期限内向本机关提出。

2. 如无正当理由，逾期仍不履行该义务的，本机关将依法决定行政强制执行或申请人民法院强制执行。

3. 本机关联系人：____________　联系电话：______________

（城市管理执法机关印章）

年　　月　　日

注：本催告书一式两份，一份交当事人，一份存卷

×××城市综合管理与行政执法局

行政强制执行及相关事项内部审批表

<table>
<tr><td>案由</td><td colspan="9"></td></tr>
<tr><td rowspan="4">当事人</td><td>单位名称</td><td colspan="4"></td><td>法定代表人</td><td></td><td>职务</td><td></td></tr>
<tr><td>姓　名</td><td></td><td>性 别</td><td></td><td>职业</td><td></td><td>身份证号码</td><td colspan="2"></td></tr>
<tr><td>工作单位</td><td colspan="5"></td><td>电　话</td><td colspan="2"></td></tr>
<tr><td>住　址（住所）</td><td colspan="5"></td><td>邮政编码</td><td colspan="2"></td></tr>
<tr><td>申请审批事项</td><td colspan="9">□加处罚款或滞纳金　□划拨存款、汇款　□代履行
□拍卖或者依法处理查封、扣押的场所、设施或者财物　□排除妨碍、恢复原状　□其他行政强制执行方式________________
□中止执行 □终结执行 □执行协议 □恢复执行 □申请法院强制执行</td></tr>
<tr><td>法律依据</td><td colspan="9">承办人：　　　　年　　月　　日</td></tr>
<tr><td>承办部门意见</td><td colspan="9">审核人：　　　　年　　月　　日</td></tr>
<tr><td>法制部门意见</td><td colspan="9">审核人：　　　　年　　月　　日</td></tr>
<tr><td>领导审批意见</td><td colspan="9">审批人：　　　　年　　月　　日</td></tr>
<tr><td>备注</td><td colspan="9"></td></tr>
</table>

×××城市综合管理与行政执法局

行 政 强 制 执 行 决 定 书

____强执决字〔 〕第 号

当事人：________________________________

地　址：________________________________

因你（单位）________（具体理由，包括行政机关作出决定的时间、文号和确定的义务、期限，以及当事人逾期未履行义务情况、催告情况或当事人在催告期间有转移、隐匿财物情况等内容）____。

现根据________（法律的名称及条、款、项）________的规定，决定于________年________月________日对你（单位）的____（行政强制执行的对象名称及行政强制执行方式）________________________________。

如不服本决定，可以在收到本决定书之日起六十日内向________人民政府或（上一级行政机关名称）申请行政复议；也可以在三个月内直接向________人民法院提起行政诉讼。

（城市管理执法机关印章）

年　月　日

注：本决定书一式两份，一份交当事人，一份存卷

×××城市综合管理与行政执法局

行政强制拆除公告

____强拆公字〔　〕第　号

关于____（案件名称）____一案，经本机关立案调查，作出____（行政决定的名称及文号）____，责令____（当事人姓名或名称）____在____年____月____日前自行拆除____（违法建筑物名称或所在地）____的违法建筑物（或构筑物）和设施，____（当事人姓名或名称）____逾期未履行拆除义务。为维护行政执法的严肃性，现根据《中华人民共和国行政强制法》第四十四条的规定予以公告，限____（当事人姓名或名称）____在本公告公布之日起____日内自行拆除该____（违法建筑物名称或所在地）____的违法建筑物（或构筑物）和设施。如____（当事人姓名或名称）____在法定期限内不申请行政复议或者提起行政诉讼，又不拆除的，本机关将依法予以强制拆除。

对于强制拆除活动，任何单位和个人不得阻挠、干涉，否则将依法追究其相应的法律责任。

特此公告

（城市管理执法机关印章）

年　月　日

×××城市综合管理与行政执法局

代履行决定书

____强代决字〔　〕第　号

当事人：____

地　址：____

因________________________________，本机关于________年______月________日对你（单位）作出________（行政决定书名称及文号）____________，要求你（单位）于________年______月________日前（履行排除妨碍、恢复原状等义务的具体内容）____。你（单位）未在规定期限内履行上述义务，本机关于________年______月__________日作出（催告书名称及文号）____，经催告后你（单位）仍未履行。

鉴于你（单位）（拒不履行排除妨碍、恢复原状等义务）的后果（已经或者将危害交通安全、造成环境污染或者破坏自然资源），根据《中华人民共和国行政强制法》第五十条以及______（其他法律的名称及条、款、项）____，决定由____（行政机关或没有利害关系的第三人）____代履行。

代履行的标的为________________________________

代履行的方式为________________________________

代履行费用预算为________________元（附预算清单）。（依据《中华人民共和国行政强制法》第五十一条第二款的规定，代履行费用由你（单位）承担）或（依据《××法》第×条第×款之规定，费用由________________________承担）。

如不服本决定，可以在收到本决定书之日起六十日内向________人民政府或____（上一级行政机关名称）____申请行政复议，也可以在三个月内直接向__________人民法院提起行政诉讼。

（城市管理执法机关印章）

年　　月　　日

注：本决定书一式三份，一份交当事人，一份交代履行人，一份存卷

×××城市综合管理与行政执法局

立即代履行事后通知书

_____强代通字〔　　〕第　　号

当事人：____

地　　址：____

因你（单位）__________（具体行为内容及立即代履行的理由）____________________，本机关根据《中华人民共和国行政强制法》第五十二条以及____（其他法律的名称及条、款、项）________，已决定由（行政机关或没有利害关系的第三人）立即代履行，代履行费用为_________________________元（附费用清单）。代履行费用_______（依法提出处理的意见）__________________。

如不服该代履行行为的，可以在收到本通知书之日起六十日内向________人民政府或_____（上一级行政机关名称）____申请行政复议；也可以在三个月内直接向________________人民法院提起行政诉讼。

（城市管理执法机关印章）

年　　月　　日

注：本决定书一式三份，一份交当事人，一份交代履行人，一份存卷

×××城市综合管理与行政执法局

行政强制执行现场笔录

案由：____

____

时间：______年______月_____日_____时_____分

至______年______月_____日_____时_____分

地点：____

记录人：______________________________________

城市执法人员及执法证件号码：______________、______________

当事人姓名（名称）：____________________________

法定代表人或负责人：____________________________

住所（住址）：________________________________

联系电话：____________________________________

见证人：______________________________________

身份证（或其他有效证件）号码：______________________

单位或住址：__________________________________

联系电话：____________________________________

现场情况记录：______________（参加人员情况，城市管理执法人员出示证件、表明身份的记录，实施行政强制执行过程和结果，当事人的现场表现情况等）____________________________

____

____

____

第　　页/共　　页

×××城市综合管理与行政执法局

中止强制执行通知书

____强止执字〔　　〕第　　号

________________________________：

因____，现依据《中华人民共和国行政强制法》第三十九条的规定，本机关决定对__________年________月________日作出的____（行政强制执行决定书名称、文号及简要内容）____中止执行。中止执行的情形消失后，本机关将依法恢复该行政决定的执行。

特此通知

（城市管理执法机关印章）

年　　月　　日

注：本通知书一式两份，一份交当事人，一份存卷

×××城市综合管理与行政执法局

终结强制执行通知书

____强终执字〔　〕第　号

________________________________：

因____，现依据《中华人民共和国行政强制法》第四十条的规定，本机关决定对__________年________月________日作出的______（行政强制执行决定书名称、文号及简要内容）______________________，终结执行。

特此通知

（城市管理执法机关印章）

年　月　日

注：本通知书一式两份，一份交当事人，一份存卷

×××城市综合管理与行政执法局

恢复强制执行通知书

____强恢执字〔　〕第　号

______________________________：

本机关于________年______月________日对你（单位）作出____（中止执行通知书名称及文号或执行协议的内容等情况）____________。现因____（恢复执行的理由，包括中止执行的情形已消失或未履行执行协议约定的义务等），本机关依据《中华人民共和国行政强制法》____（第三十九条第二款或第四十二条第二款）的规定，决定恢复执行______年______月______日作出的（行政强制执行决定书名称及文号）______的内容。

特此通知

（城市管理执法机关印章）

年　月　日

注：本通知书一式两份，一份交当事人，一份存卷

行 政 强 制 执 行 协 议

当 事 人：____________________

执行机关：__________城市综合管理与行政执法局

因当事人____________________，执行机关于__________年______月______日作出<u>（行政决定书名称及文号）</u>__________，要求当事人于__________年______月______日前履行<u>（履行义务的方式及内容）</u>______。当事人未在规定期限内履行。经催告，当事人逾期仍未履行上述义务，执行机关于__________年______月______日作出<u>（行政强制执行决定书名称、文号及简要内容）</u>。

执行前，当事人与执行机关协商，经协商一致达成如下协议：

一、当事人对<u>（行政决定书名称及文号）</u>__________认定的事实、确定的义务不持异议。

二、双方约定：

☐当事人确保按如下期限（分阶段）履行义务：在__________年______月______日前缴纳罚款__________元（或履行__________义务）；在__________年______月______日前缴纳罚款__________元（或履行____________________义务）。

☐当事人如在约定期限内<u>（采取补救措施的内容）</u>______，执行机关将减免加处的罚款（或者滞纳金）__________元。

三、当事人未按上述约定履行义务时，本协议失效，执行机关将依法恢复强制执行（或依法申请人民法院强制执行）。

四、本协议自当事人与执行机关签字盖章之日起生效。

五、本协议一式两份，一份交当事人，一份由执行机关存卷。

当事人：（签字或盖章）　　　　**执行机关：（签字盖章）**

年　　月　　日　　　　年　　月　　日

×××城市综合管理与行政执法局

强制执行申请书

________人民法院：

因____________________，本行政机关作出了____（行政决定书及文号）____，已于____年____月____日送达当事人。当事人在法定期限内不申请行政复议，也不提起行政诉讼，又不履行该行政决定，经催告仍不履行义务。根据《中华人民共和国行政强制法》第五十三条、第五十四条的规定，特申请贵院强制执行。

一、当事人基本情况：

1.（当事人是法人或其他组织的，注明：当事人的名称、地址、邮编、法定代表人或负责人的姓名、联系电话等）。

2.（当事人是公民的，注明：当事人的姓名、性别、身份证件号码、工作单位或家庭住址、邮编、联系电话等）。

二、申请机关的情况：

____（注明：地址、邮编、联系人姓名、联系电话。）____

三、申请执行的内容：____________________

____

附件：1.行政决定书及作出决定的事实、理由和依据；

2.当事人的意见及行政机关催告情况；

3.申请强制执行的标的情况；

4.法定代表人身份证明、授权委托书；

5.____（其他依法需要提交的材料）____。

申请执行机关联系人：________ 联系电话：________

法定代表人签字：________ 城市管理执法机关（印章）

年　　月　　日

注：本申请书一式两份，一份交人民法院，一份存卷

×××城市综合管理与行政执法局

送 达 回 证

送达机关盖章：________________

送达文书名称 及 文 号	
案 由	
受送达人 名称或姓名	
送达日期	
送达地点	
送达方式	
收 件 人	（注明收件人与受送达人的关系） 收件人签字（或盖章）： 年 月 日
送 达 人	送达人（签字）： 年 月 日
备 注	

（六）如何制定城市管理执法工作权力清单、责任清单、负面清单

各市、县、区、旗“城市综合管理与行政执法局”应依法制定权力清单、责任清单、负面清单，并通过官方网站向社会公开。

城市管理执法权力清单、责任清单、负面清单分为单位清单和个人清单。

权力清单，是指城市管理执法机关单位、个人可以依法行使的公权力。

责任清单，是指城市管理执法机关单位、个人依法行使公权力应当完成的任务和应当实现的行政目标。

负面清单，是指城市管理执法机关单位、个人在依法行使公权力过程中不能违反的禁止性规定。

城市管理执法机关单位、个人的权力清单，包括行政许可、行政处罚、行政强制、行政征收、行政给付、行政裁决、行政确认、行政奖励以及其他行政权力等九个方面，应依照法律法规和三定方案、个人岗位及职责一一厘清，单位权力清单并经人民政府法制局（办）审定后予以公开发布。个人权力清单由“城市综合管理与行政执法局”法制处审定后予以公开发布。

制定城市管理执法机关单位、个人的权力清单，应坚持“法无授权不可为”原则，每一项权力都需要注明法律依据、权力来源。

城市管理执法机关单位、个人的责任清单制定，应与权力清单一一对应，避免有权无责、有责无权，实现权责统一。个人的责任清单应本人签字确认，纳入干部业绩考核依据。

城市管理执法机关单位、个人的负面清单制定，应突出城市管理执法工作的行业特点，包括禁止徇私枉法、禁止选择性执法、禁止暴力执法、禁止打人、禁止骂人、禁止抢夺财物、禁止未经批评教育给予改正机会直接处罚、禁止追赶正在逃离的当事人、禁止收受贿赂等等。负面清单制定还应与单位、个人绩效考核联系对接，纳入政绩考核体系。

（七）如何配备城市管理执法车辆

城市管理执法车辆，是做好城市管理执法工作不可或缺的装备，建议予以保障。

推行车改的市、县、区、旗，建议足够数量保留城市管理执法车辆。

城市管理执法车辆装备包括：

城市管理执法移动指挥车，经济条件较好的地级（含）以上城市和百强县级市建议配备。车辆编制在城市人民政府城市综合管理指挥中心，应具备360度车外无死角同步摄像传输功能、车载无线网络传输功能、同步实时对讲指挥功能。

城市管理执法巡查车，局机关城市管理处、执法监督处建议各配备一辆越野车，每个城市管理执法中队建议配备一辆可以拖运货物的小型货车、若干辆电瓶车、若干辆自行车。

提倡城市管理执法执法人员徒步巡查、骑自行车巡查、乘电瓶车巡查，拉近与群众的距离。

各类城市管理执法车辆均须喷涂城市管理执法统一标识。

（八）如何培育壮大城市管理产业

城市管理工作，不仅是政府的行政行为，也是一项公益事业，更是体系庞大的产业。

城市管理行业产业包括：

教育培训、科学研究、技术咨询服务业，主要集中在大学、科研院所、城市智库，通过人才培养、技术服务保障城市管理工作专业化，并创造经济价值。

城市执法装备服务企业，通过生产城市管理执法系统必须装备的产品如执法记录仪、专业车辆、标识、服饰、专用器械、科技文化产品等保障城市管理执法装备条件，并创造经济价值。

市政工程企业，通过市政工程建设与维护保障城市基础功能设施良好运转，并创造经济价值。

园林绿化企业，通过园林绿化工程建设与维护绿化美化城市环境，并创造经济价值。

环境卫生企业，通过垃圾清扫、转运、处理以及污水、污泥、粪便处理维护城市环境卫生，并创造经济价值。

公用服务企业，通过提供运输、供水、供气、供电、供暖、通信等公共服务保障城市居民基本生活条件，并创造经济价值。

城市容貌企业，通过设计、制作、展示、维护广告、牌匾、店招、标语、灯饰、雕塑等美化城市容貌，并创造经济价值。

上述企业虽然和其他行业有交集，但并不影响视为城市管理行业企业。市场经济条件下，城市管理执法机关虽然和上述各类企业绝大多数没有上下级关系，但工作密切相关，如果没有较高专业技术水平的各类企业支撑，政府的城市管理工作也不可能做好。

建议各级城市管理执法机关通过“中国城市综合管理与行政执法行业协会”企业工作委员会将城市管理行业企业紧密联系起来，并创造交流合作机会，培育壮大城市管理产业。

（九）如何防控违法违章建筑物、构筑物

俗话说，城市管理工作四大难：拆违、渣土、小贩、牛皮癣，拆违是第一位，难中之难，我国第一位因公殉职的城市管理局长死于拆违，我国第一位引咎辞职的城市管理局长也是因为拆违，我国第一位引咎辞职的地方政府行政首长还是因为拆违。

做好拆违工作，应遵循以下六大原则：

（1）做好普法宣传教育，以防为主，推行违建零补偿政策，让公众认识到违建的危害和得不偿失，自己不愿意违建。

（2）建立县（市、区、旗）、镇（街道、乡）、村（居）、组（小区）四级违建投诉举报信息网络，及时发现违建苗头，及时责令违建停工自拆，把违建消灭在萌芽状态。

（3）反复说服教育，以违建业主自拆为主。

（4）迫不得已采取强拆措施，要政府牵头公安、城市管理、国土、规划、住建等各部门参与，一户一户拆违，不要批量拆违，避免大面积激化社会矛盾。

（5）强拆时，要先清场，设立隔离安全线，保障违建业主人身安

全和屋内合法财产安全，避免与违建业主发生冲突。

（6）防违拆违工作，要公平、公正、公开，严禁选择性执法。

2010 年 9 月 19 日全国 100 多位城市管理局长在长春净月共同制定了《防违拆违城市管理执法工作机制参考规范》，可作为各地城市管理执法机关工作参考依据：

第一章 总则

第一条 为促进城市科学健康发展和社会和谐，降低行政成本，减少社会损失，提高管理效能，编订此规范。

第二条 此规范所称“防违拆违”，是指防控和拆除违法建筑物、构筑物。

第三条 违法建筑物、构筑物是指未经政府相关部门许可，法人或自然人擅自修建的建（构）筑物体。

第四条 “防违拆违”是一项长期、艰巨、复杂的工作，应在党委、政府的统一领导、统筹协调、统一指挥下进行，政府城市管理执法机关只作为参与的工作部门或牵头承办部门、执法主体，公安、建设、规划、国土、水利、林业等部门应提供公务协助。

第五条 此规范仅在政府城市管理执法机关作为“防违拆违”工作牵头承办部门和执法主体时适用。

第二章 组织保障

第六条 各市、县、区、旗党委、政府应设立“防违拆违”工作领导小组，党委、政府有关领导担任组长、副组长，党委、政府有关部门和下一级政府有关领导担任小组成员，负责“防违拆违”工作的统一领导、统筹协调、统一指挥，以及督查督导、考核奖罚。

第七条 “防违拆违”工作领导小组办公室设在政府城市管理执法机关，有 1 至 2 个人员编制，城市管理执法部门领导兼任办公室主任，负责“防违拆违”各项工作的具体组织实施。

第八条 “防违拆违”所需工作经费应纳入市、县、区、旗政府财政预算。

第三章　工作目标与工作原则

第九条 “防违拆违”工作有利于“保发展，促和谐”。

第十条 “防违拆违”工作应努力做到“新增违建为零，存量违建递减”。

第十一条 “防违拆违”工作应重心前移，“以防为主”。

第十二条 “拆违”工作应法治宣传在先，说服教育在先，舆论引导在先，力求“以自拆为主”。

第十三条 “防违拆违”工作应依法执法，严格执法，公开执法，公正执法，公平执法，杜绝选择执法，徇私枉法。

第四章　“防违”工作机制规范

第十四条 “防违拆违”工作领导小组办公室和政府城市管理执法机关，应在党委、政府统一领导、统筹协调、统一指挥下，建立市（州、盟）、县（市、区、旗）、镇（乡、街）、村（社区）四级管理机制，作为“防违”基本工作队伍。

第十五条 “防违拆违”工作领导小组办公室和政府城市管理执法机关，应在相关部门、基层组织配合下，按照城乡统筹原则，首先对辖区内城乡所有“违建”进行全面普查，建档立案，全面掌控。普查后发生的“违建”，拆除时零补偿。

第十六条 村（社区）负责人和匿名监督员，发现有“违建”苗头时，应在第一时间上报镇（乡、街）负责人和县（市、区、旗）城市管理执法局派驻镇（乡、街）的执法中队。

第十七条 镇（乡、街）负责人和县（市、区、旗）城市管理执法局派驻的执法中队在接到上报的“违建”信息后，应在第一时间集合队伍赶到“违建”施工现场，进行法治教育，劝止施工，将“违建”消除在萌芽状态。

第十八条 镇（乡、街）、村（社区）“防违”负责人和匿名监督员的工作津贴、考核奖励应纳入县（市、区、旗）政府财政预算。

第五章 “拆违”工作机制规范

第十九条 拆除“违建”的决定应由市、县、区、旗人民政府作出，“防违拆违”工作领导小组办公室和政府城市管理执法机关具体组织实施。

第二十条 拆除价值较高或有争议的“违建”之前，“防违拆违”工作领导小组办公室和政府城市管理执法机关应组织听证，邀请当事人和有关部门、人大代表、政协委员、律师、新闻媒体参加，听取不同意见，汇总上报，防止误拆。

第二十一条 拆除“违建”之前，“防违拆违”工作领导小组办公室和政府城市管理执法机关应大力进行舆论宣传、法制教育，做深入细致的思想工作，促成当事人自拆。

第二十二条 “防违拆违”工作领导小组办公室和政府城市管理执法机关在组织实施政府“拆违”决定之前，应协同公安机关、卫生部门制订周密的安全预案。

第二十三条 “防违拆违”工作领导小组办公室和政府城市管理执法机关在组织协助或强制实施政府的“拆违”决定时，应事先确认公安机关已经将所有人员清离“违建”现场，并对“拆违”现场进行隔离警戒，确保任何人员不会受到伤害。

第二十四条 “防违拆违”工作领导小组办公室和政府城市管理执法机关在组织协助或强制实施政府的“拆违”决定时，应在确认公安机关已经将所有人员清离“违建”现场后，由公证人员见证，雇佣人员将室内贵重物品搬离保存，事后返还当事人。

第二十五条 场地条件许可，“拆违”工作应使用机械施工完成。

第六章 善后工作

第二十六条 镇（乡、街）有关负责人负责“拆违”善后工作。

第二十七条 “违建”拆除后，镇（乡、街）有关负责人应及时走访抚慰，提供心理辅导，消除仇视情绪。

第二十八条 “违建”当事人确有困难的，镇（乡、街）有关负责人应帮助解决或报请上级帮助解决实际困难。

第七章 附则

第二十九条 此规范是城市管理科研成果，发挥科学导向作用，没有行政约束力。

第三十条 各市、县、区、旗人民政府可以参考此规范，制订本市、县、区、旗具有行政约束力的“防违拆违”城市管理执法工作规范或办法。

（十）如何管控好渣土运输车辆

渣土车的问题涉及面很广，且背景都很强势，已经造成多起城市管理执法人员伤亡事件。在这种情况下，渣土车的管理不能单靠城市管理执法机关一家，而是应当在市长的主持下，城市管理、公安、交警、住建等各有关部门、有关单位签订公务协助协议，政府审定后确定各部门、各单位相应职责，建立公务协助常态机制。在这其中，建设行政主管部门、公安交通部门尤其应当负起责任。

同时，要强化激励和问责机制。参与公务协助的部门、单位，如果成绩突出，应当重奖；如不能履行职责，纪检、组织、监察等部门应当运用适当方式追究责任。没有行之有效的激励和问责机制，公务协助常态机制就没有生命力。

要从根本上杜绝渣土车乱象，防止走过场的“一阵风”式整治运动，就必须将治理重心前移，要常态化，重在治本，有关部门要从开发建设施工单位社会责任教育、遵纪守法教育抓起，从开发建设施工单位不良记录制度建立抓起，形成许可、教育、管理、服务、监督、处罚的完整工作体系。

建议城市管理执法机关会同公安交警部门共同建立渣土车全密封技术要求规范，不符合规范在运输过程中洒漏渣土的车辆，公安交警部门应协助城市管理执法机关查封车辆责令整改，并将洒漏的渣土清扫干净，或由环境卫生部门代履行清扫干净，清扫费用由渣土车所有人支付。拒不履行的，公安机关应依法对当事人进行拘留。

渣土运输车辆应全部加装 GPS 定位系统，与“人民政府城市综合管理指挥中心”联网实时监控，并纳入“智慧城市管理 APP”可通过移动终端随时查看。

城市管理执法机关、住房和城乡建设部门应与开发建设单位签订三方承诺协议，开发建设单位如果使用不符合全密封技术标准的渣土车，立即责令施工工地进行停工整改。拒不整改的，予以从重处罚。

查处渣土车违法违规行为时，城市管理执法人员要特别注意执法安全，做到安全第一。

（十一）如何做好流动商贩管理服务

近些年来，全国各地城市管理部门对小商贩管理服务工作做了很多有益的探索，积累了很多经验。下一步小商贩的管理服务工作，建议从以下几个方面坚持努力：

第一，坚定“民生为本”的城市管理服务理念，无论是出台政策文件，还是在具体城市管理执法过程中，都要善待小商贩。各级党委、政府和城市管理执法机关都要认识到，小商贩辛勤劳动，养家糊口，而不是偷盗抢劫、违法犯罪，是对社会和谐稳定的巨大贡献，政府要千方百计扶助他们、保护他们。

第二，疏堵结合，以疏为主，给小商贩创造更多生存空间。要充分利用现有公共空间资源，更多开辟早市、夜市、节假日跳蚤市场、季节性瓜果蔬菜市场、便民服务摊点。

第三，对所有流动商贩进行电子注册登记，建立诚信档案电子数据库，规范化管理。

第四，组织小商贩自治组织，加强小商贩自我教育、自我管理、自我提高。

第五，对累教不改的小商贩加重处罚。

第六，联合公安机关，对暴力抗法、妨碍公务甚至与黑社会勾结的小商贩，依法严厉打击。

第七，对生活确有困难的小商贩，政府民政部门要给予救助，城市管理执法机关也可以学习内蒙古扎兰屯市城市管理局结对扶贫帮扶小商贩。

中小城市小商贩问题相对容易解决，大城市、特大城市，尤其是北京、上海、广州、深圳四个外来人口较集中城市，做好小商贩工作任务非常艰巨。

（十二）如何治理城市“牛皮癣”野广告

城市“牛皮癣”野广告，是长期困扰城市管理工作的老大难问题，严重损害城市形象，虽不可能彻底根治，但可以较好抑制。主要方法如下：

第一，结合居民小区、公共场所，设立遍布市区各个角落的“便民生活信息张贴栏”，供市民张贴日常生活服务信息。

第二，通过政府购买服务，由专业公司全天候、包路段及时清除“牛皮癣”野广告，一般要求“牛皮癣”野广告白天存续时间不能超过一小时。

第三，充分发挥城市管理志愿者作用，看到“牛皮癣”野广告随手清除。

第四，督导居住小区物业服务公司及时清除居民小区内“牛皮癣”野广告。

第五，落实门前“三包”责任，要求责任人及时清除门前责任区“牛皮癣”野广告。

第六，对“牛皮癣”野广告上的电话号码，通过自动电话持续提醒其清除张贴的“牛皮癣”野广告，或通过通信公司设置限制呼入。

第七，“牛皮癣”野广告内容涉及违法犯罪的，公安机关对当事人（包括雇佣的张贴者）予以拘留。

五、如何培育城市管理文化

城市管理文化建设，是铸造城市管理职业精神，增强城市管理队伍的职业认同感、归属感、荣誉感、自豪感。

一支没有文化的队伍，是不可能赢得公众尊敬的。

培育城市管理文化，首先要理解认知城市管理工作的社会价值和职业使命，以此作为城市管理文化建设的永恒主题和活动主线。

城市管理工作的社会价值和职业使命是：通过提供运行良好的城市基础功能设施、秩序良好的城市公共空间和品质良好的公共服务产品，造福全体市民，促进社会和谐。

（一）如何统一城市管理执法标识

统一城市管理执法标识，是城市管理文化建设的基础性工作，也是树立城市管理执法良好文明形象的基础性工作。

应由住房和城乡建设部牵头，通过购买社会服务的方式公开征集设计方案，广泛征集全国城市管理执法系统意见，选出最佳方案，连同《城市管理执法统一标识管理使用办法》一并报国务院批准后使用。

城市管理执法标识的统一，建议充分吸收原有的设计成果，各地现有不同城市管理标识，纳入调研范围，择优采用，以效果最优的方案为基础修改确定。

城市管理执法统一形象标识的设计，应突出“法治、亲民、文明、和谐”的主题。

城市管理执法标识图案报请国务院批准后，建议由住房和城乡建设部通过公开招标方式确定定点生产厂家。由于城市管理执法标识产品利润微薄，全国东中西部各确定 1 家共确定 3 家定点生产厂家即可，动态管理，服务不好的厂家及时淘汰更新。

定点生产厂家信息应通过住房和城乡建设部官方网站向社会公开，接受监督。

城市管理执法标识产品建议由政府指导定价，限定最高价格。

（二）如何统一城市管理执法服饰

统一城市管理执法服饰，是城市管理文化建设的基础性工作，也是树立城市管理执法良好文明形象的基础性工作。

应由住房和城乡建设部牵头，通过购买社会服务的方式公开征集设计方案，广泛征集全国城市管理执法系统意见，选出最佳方案，连同《城市管理执法服饰管理使用办法》一并报国务院批准后使用。

城市管理执法服饰的统一，建议充分吸收原有的设计成果，各地现有不同城市管理服饰，纳入调研范围，择优采用，以效果最优的方案为基础修改确定。

城市管理执法服饰的设计，包括春秋常服、夏常服、冬常服、集训服、大沿帽、无沿帽、肩章、臂章、胸牌、领带、领带夹、皮带扣、皮鞋等。

城市管理执法服饰图案报请国务院批准后，建议由住房和城乡建设部通过公开招标方式确定定点生产厂家。为降低城市管理执法机关采购成本，一个省、自治区一般确定3至5家定点生产厂家，动态管理，服务不好的厂家及时淘汰更新。

定点生产厂家信息应通过住房和城乡建设部官方网站向社会公开，接受监督。

城市管理执法服饰产品建议由政府指导定价，限定最高价格。

应禁止没有执法权的政府雇员、政府雇工（文明劝导员、网格信息员）穿戴城市管理执法服饰。政府雇员、政府雇工外勤工服（不是制服），建议由住房和城乡建设部牵头组织设计确定图样，各市、县、区、旗城市管理执法机关自行定制。

（三）如何组织开展城市管理系统文艺体育活动

城市管理系统经常举办文艺体育活动，是城市管理文化建设的重要方面，有利于焕发城市管理队伍的精神活力，增强队伍的凝聚力。

建议住房和城乡建设部结合“中国城市综合管理与行政执法行业协会”年会，每年举办一次“全国城市管理系统文艺汇演”暨书画摄影艺术作品展览，艺术展现城市管理执法人员真实生活和精神世界，唱响城市管理正能量，鼓舞城市管理队伍士气。

省级以上不举办城市管理系统体育活动，建议各市、县、区、旗“城市综合管理与行政执法局”每年举行一次体育比赛和文艺汇演。

省、自治区不举办城市管理系统文艺活动，但每年应为“全国城市管理系统文艺汇演”选送至少一个候选节目。

“中国城市综合管理与行政执法行业协会”设文体工作委员会，组织、指导全国城市管理系统的文艺体育活动。

鼓励、支持社会组织、企事业单位，参与支持城市管理系统文艺体育活动。

（四）如何开办城市管理网站和新媒体平台

现在是信息化时代，各市、县、区、旗“城市综合管理与行政执法局”都应开通官方网站、官方微博、官方微信、官方客户端，这是城市管理文化建设的基础工程，也是政务公开、阳光城市管理建设的基础平台。

经济条件较好的城市管理局，官方网站、官方微博、官方微信、官方客户端可以全部开通。条件不具备的，至少要选择官方网站、官方微博、官方微信开通一种。

城市管理局官方网站、官方微博、官方微信、官方客户端，建议由局机关党委书记分管，内容由政治工作处负责管理维护，技术由人民政府城市综合管理指挥中心负责维护，各部门、各单位提供信息参与共建。

城市管理局官方网站、官方微博、官方微信、官方客户端及时发布城市管理执法工作信息，及时回应公众投诉和反映的问题。尤其在城市管理舆情发生时，要发挥引导舆论导向的主要作用。

城市管理局官方网站、官方微博、官方微信、官方客户端应由懂法律、文笔好的事业编制专职工作人员负责内容维护。

（五）如何编辑出版城市管理机关报刊

信息化时代，不提倡城市管理执法机关编印传统的纸质报刊，但为方便交流，建议住房和城乡建设部委托“中国城市综合管理与行政执法行业协会”主办一份《中国城市管理》杂志，申请正式刊号，公开发行。建议省、自治区住房和城乡建设厅委托本省、自治区“城市综合管理与行政执法行业协会”主办一份本省、自治区《×× 城市管理》杂志，申请内部资料准印证，本省、自治区内免费赠阅和行业内交流。建议经济条件较好的地级城市城市管理局委托本市“城市综合管理与行政执法行业协会”主办一份本市《×× 城市管理》杂志或小报，申请内部资料准印证，本市内免费赠阅。

经济条件较差的地级城市、县级市、县、区、旗城市管理局，建议不编印报刊。

城市管理报刊主要刊登城市管理理论探讨研究文章和城市管理工作经验交流文章，介绍城市系统先进人物。

城市管理报刊编辑工作人员，建议由城市管理局安排事业单位编制工作人员担任。

城市管理报刊编辑办公用房、出版费用，中央、省（自治区）建议由主办单位解决，城市建议由城市管理局保障。

根据信息技术的不断发展，城市管理报刊将逐步停办纸质版，只出版电子版，或被网站、微信、客户端完全取代。

（六）如何提炼弘扬城市管理文化精神

各市、县、区、旗“城市综合管理与行政执法局”可以根据本地传统、城市管理工作特色提炼本地“城市管理文化精神”，以凝聚队伍，鼓舞士气。

目前，“城市管理文化精神”总结提炼宣传较好的地方有：江苏省淮安市城市管理局“亲民理念，和谐城管”，山东省聊城市城市管理局“九铁精神”，山东省胶州市城市管理局“民生城管”，广东省广州市城市管理局“法治、亲民、文明、和谐”，湖北省宜昌市城市管理局“责任城管、效能城管、法治城管、廉洁城管、人文城管”，辽宁省朝阳市城市管理局“厚德城管”等。建议各地互相学习借鉴，互相有交叉重复也属正常。

城市管理文化精神，本质上是一种职业价值导向，引导全体城市管理执法人员向着法治、亲民、文明、和谐的方向发展，要切忌华而不实和悖逆人性。

（七）如何组织召开城市管理工作经验交流会

建议各市、县、区、旗“城市综合管理与行政执法局”每年结合先进人物的评选奖励，组织召开一次局内“城市管理工作经验交流会”，将行之有效的好的工作经验书面知识化，并将《城市管理工作经验交流文集》印发每一位城市管理执法人员学习参考借鉴。

“城市管理工作经验交流会”建议由局长亲自主持，全员参加。

特别好的工作经验交流材料，可以推荐到媒体公开发布，或参加全省、全国经验交流。

各市、县、区、旗“城市综合管理与行政执法局”为开好局内“城市管理工作经验交流会”，应当每年初结合工作重点、难点印发实践研究提纲，以便大家带着问题边思考、边工作，提高工作质量，在做好工作的同时，也形成书面经验材料。

各市、县、区、旗“城市综合管理与行政执法局”应对入选大会发言交流或媒体公开发表的好的经验材料给予精神奖励、物质奖励。

（八）如何总结推广城市管理执法成功范例

各市、县、区、旗“城市综合管理与行政执法局”如有特别突出的典型经验，建议邀请城市管理专家学者深入调研总结，如果确认具有典范意义，形成城市管理执法成功范例调研文稿，在媒体公开发表，供各地学习借鉴参考，并可作为大学城市管理专业学生案例教学使用。

（九）如何评选城市管理系统先进人物

每年组织评选城市管理系统先进人物，予以表彰，是城市管理文化建设最重要的工作之一。

城市管理系统先进人物的评选，包括以下几个方面：

城市管理先进工作者，评选范围包括城市管理执法机关及其下属事业单位的公务员、参公人员、事业编制干部、政府雇员。评选中，建议 80% 以上的名额给基层一线工作人员和普通工作人员，其中政府雇员当选名额建议不少于 20%，中层（含）以上领导干部当选名额不超过 20%，以避免出现绝大部分是领导干部当选的情况，挫伤一般干部工作积极性。

城市管理劳动模范，评选范围包括城市管理执法机关及其下属事业单位、企业单位的工勤人员、各类工人、政府雇工。评选中，有编制的工人和没编制的雇工，建议各占 50% 名额。

城市管理优秀志愿者，评选范围包括所有在各市、县、区、旗“城市管理志愿者协会”注册登记的会员。重在表彰社会各界积极参与、关心、支持城市管理工作的人士，建议城市管理系统内部工作人员不参评。

城市管理优秀科技工作者，评选范围包括所有高等院校、科研院所、城市智库、企事业单位从事城市管理科学研究、技术开发的专业人员。

城市管理系统先进人物的评选，建议由各级城市管理执法机关组织，公开申报，公开评议，层层推荐。

当选者，建议由各级城市综合管理主管部门与人力资源和社会保障部门共同行文表彰，并颁发荣誉证书。

城市管理系统先进人物的评选，做得好了，凝聚团队，鼓舞士气，做坏了反而会表彰一个人打击一大片，有害于城市管理文化的建设。因此，评选工作一定要当选标准明晰，当选理由充分，公开、公平、公正，人人可以通过努力工作进行争取，当选落选人人心服口服。

六、如何培育城市管理专业人才

城市管理是一门科学，只有科学管理城市才能真正管好城市，而科学管理城市的基础，就需要培养大批量城市管理专业人才。

（一）如何将城市管理专业纳入全民教育体系

教育部已经批准将“城市管理”本科专业纳入全日制学历教育体系，目前全国已有北京大学、中国人民大学、中央财经大学、南开大学、浙江财经大学等五所大学开始招收城市管理专业本科生或研究生，其中浙江财经大学在住房和城乡建设部的支持下成为我国唯一一所拥有城市管理专业学士、硕士、博士、博士后完整人才培养体系的大学。

城市管理系统对专业人才的旺盛需求，预计将持续 15 年左右，建议每个省、自治区人民政府支持一所高水平大学开设城市管理专业，若每年招收本科生 30 人左右，四年后每年毕业约 1000 名学生，若 50% 左右毕业生进入城市管理系统工作，15 年后才能保证每个市、县、区、旗城市管理系统平均约有两名城市管理专业大学本科毕业生。

建议高等院校开设面向城市管理系统在职工作人员的继续教育城市管理专业课程，考试合格，按照国家规定授予相应的学历证书，国家承认学历。

建议各省、自治区人民政府每年单独组织大学城市管理专业毕业生参加城市管理系统公务员和城市管理系统事业单位干部招录考试，创造条件让更多城市管理专业大学本科毕业生进入城市管理系统工作。

各市、县、区、旗“城市综合管理与行政执法局”每年招录公务员和事业编制干部时，建议部分岗位设定要求城市管理专业本科学历。

（二）如何建立城市管理干部培训中心

为强化城市管理系统干部在职非学历教育培训，须建立城市管理干部培训中心体系。

建议住房和城乡建设部委托浙江省人民政府、浙江财经大学建立“全国城市管理干部培训中心”，负责全国城市管理系统副局长以上的干部培训。

建议各省、自治区住房和城乡建设厅委托本省区一所大学建立本省区“城市管理干部培训中心”，负责本省区城市管理系统副处长以上的干部培训。

建议各市、县、区、旗“城市综合管理与行政执法局”干部培训中心依托本地党校或行政学院，负责本局全体干部职工的在职培训。

建议各市、县、区、旗新任城市管理局长、副局长，应在任职的第一年度内安排时间到“全国城市管理干部培训中心”参加培训，考试合格，发给《结业证书》。

建议各市、县、区、旗“城市综合管理与行政执法局”新任中层（含）以上领导干部、直属事业单位副职（含）以上领导干部，应在任职的第一年度内安排时间到本省、自治区“城市管理干部培训中心”参加培训，考试合格，发给《结业证书》。

建议各市、县、区、旗城市管理系统全体干部职工，每年在本局集中培训一次。

各层次培训时间均应不得少于一周。

（三）如何发展繁荣城市管理学科

城市管理专业人才培养的水平，归根结底取决于城市管理学科的发展水平。

目前，城市管理学科在我国还不是一级学科，是归属于管理学大学科门类公共管理学之下的二级学科。

未来的发展，城市管理学必定会成为中国的一门显学，成为一级学科。

首先，建议组织编写出版《城市管理学》，系统总结我国的城市管理理论研究成果和实践成果，作为大学城市管理专业核心教材，并一两年修订重印一次。

其次，建议组织编写出版大学城市管理专业系列核心教材，主要包括《市政管理学》《城市园林绿化管理学》《城市容貌管理学》《城市环境卫生管理学》《城市管理法学》《城市管理信息化技术与应用》等。

建议住房和城乡建设部设立专项出版基金，扶持《城市管理学》系列研究成果的出版，促进城市管理科学的繁荣发展。

建议教育部每年资助一批城市管理学术研究项目，扶持城市管理学科发展。

建议科技部应每年资助一批城市管理新技术研究项目，扶持城市管理科学技术发展。

（四）如何组织召开城市管理学术研讨会

学术讨论对城市管理学科的发展至关重要。

建议住房和城乡建设部支持中国城市管理学会每年召开一次全国性的“中国城市管理学术研讨会”（中国城市管理学术年会），邀请全国从事城市管理研究的专家学者和城市管理实践工作者交流研讨一年以来的最新理论研究成果与实践研究成果。

中国城市管理学会组建成立之前，建议住房和城乡建设部委托浙江财经大学城市发展与管理系组织召开每年的“中国城市管理学术研讨会”。

每次学术年会的主题和主要议题，应提前一年印发给有关高等院校、科研院所、城市智库和各级城市管理部门，以便大家围绕主题和主要议题做深入研究。

每次学术年会建议由中国城市管理学会（浙江财经大学）牵头成立组织委员会，下设保障组、秘书组、通联组，负责安排好各项会务工作。

每次学术年会建议由中国城市管理学会（浙江财经大学）牵头成立学术委员会，各方面城市管理专家学者参与，分头负责审订提交大会交流的学术文章。没有学术委员签署推荐意见的文章，不得参加大会交流，不得编入文集。编辑出版会议文集时，学术委员推荐意见附在文末，以示负责。

每次学术年会后，建议大会秘书组编发《简报》送住房和城乡建设部领导批阅，以便专家学者们的建设性意见供部领导工作参考。

七、如何实现城市管理法治化

完善城市管理执法工作保障机制，主要是完善法治保障。城市管理执法机关如果不能够与公安机关、人民法院建立常态化公务协助机制，紧密配合，各尽其责，管理好城市是不大可能的。

（一）中央如何制定《中华人民共和国城市综合管理法》

城市管理工作，当前最迫切的是全国人民代表大会常务委员会应尽快制定颁布《中华人民共和国城市综合管理法》，确立城市综合管理与相对集中行政处罚一系列重要法律原则。

《中华人民共和国城市综合管理法》，建议包括以下内容（罗亚蒙教授主持起草的专家建议稿）：

第一章　总则

第一条　为保障城市基础功能实施良好运行和维护城市公共空间良好秩序，改善人居环境，促进社会和谐，构建宜居城市，制定本法。

第二条　本法所称城市综合管理，是指城市人民政府对城市、镇、街道基础功能设施和城市公共空间的管理，规范简称“城市管理”。

本法所称城市管理，是指城市人民政府对行政辖区内一切人、事、物的管理。

本法所称城市基础功能设施，是指维系城市基础功能正常运行的城市公共设施和共享设施。

本法所称城市公共空间，是指公众可以共享的地表空间和低空空间。

第三条　本法适用于中华人民共和国领域。

第四条　设区市人大常委会应制定本市《城市综合管理办法》，下辖市、县、区、旗参照执行，全面规范本市城市综合管理工作。

第五条 城市综合管理工作坚持政府主导、民生为本、综合治理、公众参与、服务为民、疏堵结合的原则。

第六条 一切单位和个人都有维护城市基础功能设施和城市公共空间秩序的义务。

地方各级人民政府应当对本行政区域内的城市综合管理负有主体责任。

企业事业单位和其他生产经营者应当防止对城市基础功能设施的破坏和对城市公共空间的侵占，对所造成的损害依法承担责任。

公民应当增强城市文明意识，遵守城市管理法规，自觉履行维护城市基础功能设施和城市公共空间秩序的义务。

第七条 国家支持城市综合管理科学技术研究、开发和应用，鼓励城市综合管理产业发展，促进城市综合管理信息化建设，提高城市综合管理科学技术水平。

第八条 各级人民政府应当加大城市综合管理的财政投入，将城市综合管理工作经费全额纳入本级人民政府财政预算，提高财政资金的使用效益。

第九条 各级人民政府应当加强城市综合管理宣传和普及工作，鼓励基层群众性自治组织、社会组织、城市综合管理志愿者开展城市综合管理法律法规和城市综合管理知识的宣传，营造城市综合管理的良好风气。

教育行政部门、学校应当将城市综合管理知识纳入学校教育内容，培养学生的现代城市文明意识。

国家鼓励高等院校开设城市管理专业，繁荣发展城市管理学科。

新闻媒体应当开展城市综合管理法律法规和城市综合管理知识的宣传，对城市综合管理违法行为进行舆论监督。

第十条 国务院城市综合管理主管部门，对全国城市综合管理工作实施统一监督管理；县级以上地方人民政府城市综合管理主管部门，对本行政区域城市综合管理工作实施统一监督管理。

城市人民政府和县城常住人口10万人以上的县级人民政府应独立

设立城市综合管理行政机关城市综合管理与行政执法局，作为主管城市综合管理工作的政府组成部门，依照有关法律的规定对城市综合管理工作实施监督管理。

城市辖区人民政府应设立城市综合管理行政机关城市综合管理与行政执法局分局，作为主管城市综合管理工作的政府组成部门，依照有关法律的规定对城市综合管理工作实施监督管理。

市、县、区、旗人民政府应设立决策议事协调机构城市规划建设管理委员会和统一指挥平台人民政府城市综合管理指挥中心，统筹指挥、协调、督察、考核本区域的城市综合管理工作，涉及城市综合管理的各部门、各单位应作为成员单位，参与民主决策，服从统一指挥。

城市规划建设管理委员会城市综合管理办公室和人民政府城市综合管理指挥中心设在市、县、区、旗城市综合管理与行政执法局或分局，不占机构人员编制。

市、县、区、旗城市综合管理与行政执法局及分局，依法在城市综合管理领域相对集中行政处罚权。相对集中行政处罚权的范围由国务院或国务院授权省级人民政府具体确定。

乡镇、街道设立城市管理执法中队，作为最基层城市管理执法办案单位，由镇、街道和上级城市综合管理行政机关双重领导，事权以乡镇、街道为主。

市、县、区、旗公安机关与城市综合管理行政机关共同组建常态化城市管理公安联合执法队，并设立城市管理公安派出所。

国家在城市综合管理系统推行城市管理师、城市管理执法官专业技术人才管理制度，具体办法由国务院有关部门制定。

第十一条 对城市综合管理工作有显著成绩的单位和个人，由人民政府给予奖励。

第十二条 全国城市管理执法人员统一标识和制式服装，样式由国务院确定。

第十三条 全国统一城市管理服务热线电话为 12319。

第十四条 每年 6 月 25 日为和谐城管日。

第二章 城市基础功能设施管理

第十五条 县级以上人民政府应将城市基础功能设施的规划、建设、管理维护纳入国民经济和社会发展规划，并与国土规划、城市规划相衔接，为城市可持续健康发展提供基础支撑。

第十六条 城市基础功能设施管理主要包括城市市政管网管理、城市道路桥梁隧道管理、城市园林绿化管理、城市公用服务设施管理、城市环境卫生设施管理、城市给水排水设施管理、固体废弃物处置设施管理、城市防灾减灾设施管理等。

第十七条 国务院城市综合管理主管部门制定国家城市基础功能设施技术标准和管理规范。

省、自治区、直辖市人民政府对国家城市基础功能设施技术标准和管理规范中未作规定的项目，可以制定地方技术标准和规范；对国家城市基础功能设施技术标准和管理规范中已作规定的项目，可以制定严于国家标准规范的地方标准规范。地方技术标准规范应当报国务院城市综合管理主管部门备案。

国家鼓励开展城市基础功能设施技术标准和管理规范研究。

第十八条 国家鼓励县级以上人民政府应用智慧城市技术，对城市基础功能设施进行数字化管理。

第十九条 国家鼓励县级以上人民政府结合城市更新和新区建设，开展城市地下综合管廊建设。

第二十条 国家鼓励民间社会资本参与城市基础功能实施建设和管理运营，或通过政府购买服务方式鼓励民营资本参与城市基础功能设施的管理维护。

外国独资企业不得参与城市基础功能设施建设与运营管理。

中外合资企业参与城市基础功能设施建设与运营管理，应由中方企业控股。

第二十一条 县级以上人民政府应建立城市基础功能设施管理应急预案，确保城市应急状态下城市基础功能设施保持或尽快恢复正常运行。

第三章 城市公共空间管理

第二十二条 县级以上人民政府应加强城市公共空间的治理，为城市居民工作、生活营造和谐有序的公共空间环境。

第二十三条 城市公共空间管理主要包括城市公共空间临时占用管理、停车管理、城市照明灯饰管理、城市户外广告牌匾店招管理、城市水面管理、城市低空使用管理等。

第二十四条 市、县、区、旗人民政府城市综合管理主管部门有责任指导规范机场、车站、学校、市场、小区、公园等有管理主体的可共享集体专属空间的管理。

第二十五条 市、县、区、旗人民政府城市综合管理主管部门应编制城市公共空间资源临时占用规划，按照均衡布局、方便群众生活的原则，建立城市早市、夜市、节假日跳蚤市场、季节性瓜果蔬菜销售点、便民服务摊点体系，定时定点经营服务。瓜果蔬菜销售点应进入居民小区或紧邻居民小区。

第二十六条 城市便民经营性公共空间资源的临时使用，优先保证退伍军人、特困家庭、自产自销进城农民、自主创业大学生，任何单位不得收取任何费用。

城市综合管理行政机关应对临时使用城市便民经营性公共空间资源的人员进行注册登记建档，督促其诚信经营服务、保持环境卫生。

第二十七条 未经城市综合管理行政机关批准，任何单位和个人不得侵占使用城市公共空间。

第二十八条 根据城市公共空间所处地段不同，实行三级管理：

第一级为严禁占用的城市公共空间，主要包括城市主干道、党政机关周边、司法机关周边、军事机关周边等。

第二级为严管占用的城市公共空间，主要包括城市次干道、城市中心广场、学校周边等。

第三级为规范占用的城市公共空间，主要包括城市背街小巷、社区广场、居民小区及周边等。

第四章　在城市综合管理领域相对集中行政处罚权

第二十九条 经国务院或国务院授权的省级人民政府批准，市、县、区、旗人民政府城市综合管理行政机关可以依法在城市综合管理领域相对集中行使行政处罚权。

第三十条 城市综合管理行政机关行使城市规划、城市建设、住房保障领域和城市基础功能设施方面的全部行政处罚权。

第三十一条 城市综合管理行政机关行使城市公共空间方面涉及城市容貌、交通管理、停车、公共空间临时占用等全部行政处罚权。

第三十二条 城市综合管理行政机关行使城市噪声污染、油烟污染、异味污染等涉及城市居民生活环境方面的行政处罚权，以及经国务院或国务院授权的省级人民政府批准的其他方面的行政处罚权。

第三十三条 城市综合管理行政机关具体行使行政处罚权的城市管理执法官，应具有公务员或参公人员身份并通过国家司法考试或获得省级人民政府颁发的《行政执法证》。

一名城市管理执法官应配备两名辅助工作人员。

第三十四条 城市综合管理行政机关在城市综合管理领域相对集中行使行政处罚权，应坚持教育与处罚相结合的原则，凡是通过普法宣传、批评教育、行政指导、管理服务能够解决的问题，不予处罚，批评教育三次以上屡教不改的加重处罚。

第三十五条 城市综合管理行政机关在城市综合管理领域相对集中行使行政处罚权，应严格按照《中华人民共和国行政处罚法》、《中华人民共和国行政强制法》规定的程序，公平、公正、公开执法。城市综合管理行政机关在作出行政处罚决定、行政强制决定之前，当事人有陈述、申辩和要求听证的权利。当事人对城市综合管理行政机关作出的行政处罚决定、行政强制决定不服的，可向本级人民政府或上一级城市综合管理行政机关申请行政复议，或到人民法院起诉。

第五章　信息公开和公众参与

第三十六条 公民、法人和其他组织依法享有获取城市综合管理信息、参与和监督城市综合管理的权利。

各级人民政府城市综合管理主管部门和其他负有城市综合管理职责的部门，应当依法公开城市综合管理信息、完善公众参与程序，为公民、法人和其他组织参与和监督城市综合管理提供便利。

城市管理执法过程应允许当事人和围观群众拍照、录像、录音。

所有临街单位、居民，负有维护门前卫生、绿化、秩序的“三包”义务。

第三十七条 国务院城市综合管理主管部门统一发布国家城市综合管理重大信息。省级以上人民政府城市综合管理主管部门定期发布城市综合管理公报。

县级以上人民政府城市综合管理主管部门和其他负有城市综合管理职责的部门，应当依法公开城市综合管理标准规范、处罚依据、机构编制、突发事件以及行政许可、行政服务、行政处罚、行政强制、费用征收和使用情况等信息。

县级以上地方人民政府城市综合管理主管部门和其他负有城市综合管理职责的部门，应当将企业事业单位和其他生产经营者的城市管理违法信息记入社会诚信档案，及时向社会公布违法者名单。

第三十八条 县级以上地方人民政府城市综合管理主管部门应及时向社会公布参与投资建设城市基础功能设施的企业及其建设、运营、管理情况，以及单位、个人临时占用城市公共空间情况，接受社会监督。

第三十九条 城市基础功能设施建设、运营、管理方案，以及临时占用城市公共空间体系规划，城市综合管理主管部门应事先向可能受到影响的公众公开说明情况，充分征求意见。

城市综合管理行政机关在收到城市基础功能设施建设、运营、管理方案和临时占用城市公共空间体系规划后，除涉及国家秘密和商业秘密的事项外，应当全文公开；未充分征求公众意见的，不得实施；对公众提出的意见建议，应分门别类一一公开回复说明。

第四十条 公民、法人和其他组织发现任何单位和个人有轻微破坏城市基础功能设施或侵占城市公共空间行为的，有权向城市综合管理行政机关或者其他负有城市综合管理职责的部门举报；破坏、侵占情形严重的，应直接向公安机关报案。

公民、法人和其他组织发现地方各级人民政府、县级以上人民政府城市综合管理主管部门和其他负有城市综合管理职责的部门不依法履行职责的，有权向其上级机关、监察机关举报。

接受举报的机关应当对举报人的相关信息予以保密，保护举报人的合法权益，并及时向举报人回应调查处理结果。

第六章 法律责任

第四十一条 企业事业单位和其他生产经营者以及个人轻微破坏城市基础功能设施或违法侵占城市公共空间，应批评教育，责令改正，恢复原貌；拒不改正的，从重处罚。

罚款种类及数额，由设区市人大常委会制定《城市综合管理办法》确定。

第四十二条 企业事业单位和其他生产经营者以及个人有下列行为之一，尚不构成犯罪的，除依照有关法律法规规定予以处罚外，由县级以上人民政府城市综合管理主管部门或者其他有关部门将案件移送公安机关，对其直接负责的主管人员和其他直接责任人员，处十日以上十五日以下拘留；情节较轻的，处五日以上十日以下拘留：

（一）轻微破坏城市基础功能设施，拒不恢复原貌的；

（二）违法侵占城市公共空间，被批评教育、责令改正六次以上，依然拒不改正的；

（三）应急管理不力，造成部分城市基础功能设施停止运行 24 小时以上，或公共服务质量低劣，给居民工作、生活造成严重影响的；

（四）张贴非法小广告，广告内容涉及刑事犯罪的；

（五）车窗抛物，楼上抛物，导致他人轻微伤的；

（六）非法倾倒废弃物 100 公斤以上，拒不及时清理干净的；

（七）不服从管理，辱骂、殴打城市管理工作人员或城市管理执法人员的；

（八）噪声、油烟、异味污染他人，拒不及时整改消除的；

（九）非法搭建建筑物、构筑物，拒不及时拆除的；

（十）破坏城市园林绿地，拒不及时恢复的；

（十一）不履行包卫生、包绿化、包秩序等门前三包义务，经批评教育，拒不改正的；

（十二）渣土、废弃物运输车辆密封不好途中撒漏，拒不整改、拒不清扫的。

第四十三条 建设、运营、管理城市基础功能设施的企业事业单位或城市管理工作人员、城市管理执法人员因工作失误给他人造成身体伤害、财产损失、精神损害的，依照《中华人民共和国国家赔偿法》的有关规定由城市管理执法行政机关先行承担赔偿责任，然后向责任人追偿并追究责任。

第四十四条 上级人民政府及其城市综合管理主管部门应当加强对下级人民政府及其有关部门城市综合管理工作的监督。发现有关工作人员有违法行为，依法应当给予处分的，应当向其任免机关或者监察机关提出处分建议。

依法应当给予行政处罚，而有关城市综合管理主管部门不给予行政处罚的，上级人民政府城市综合管理主管部门可以直接作出行政处罚的决定。

第四十五条 地方各级人民政府、县级以上人民政府城市综合管理主管部门和其他负有城市综合管理职责的部门有下列行为之一的，对直接负责的主管人员和其他直接责任人员给予记过、记大过或者降级处分；造成严重后果的，给予辞退、责令辞职、撤职或者开除处分，其主要负责人应当引咎辞职：

（一）不符合行政许可条件准予行政许可的；

（二）对城市综合管理违法行为进行包庇的；

（三）依法应当作出行政处罚决定而未作出的，不应作出行政处罚决定而作出的；

（四）对破坏城市基础功能设施和侵占城市公共空间等行为，发现或者接到举报未及时查处的；

（五）违反法定程序，查封、扣押企业事业单位和其他生产经营者的设施、设备的；

（六）篡改、伪造或者指使篡改、伪造违法证据的；

（七）应当依法公开城市综合管理信息而未公开的；

（八）将征收的费用截留、挤占或者挪作他用的；

（九）管理、执法过程中打人、骂人、抢夺或损毁公民财物的；

（十）法律法规规定的其他违法行为。

第四十六条 违反本法规定，构成犯罪的，依法追究刑事责任。

第七章 附则

第四十七条 本法自 ×××× 年 ×× 月 ×× 日起施行。

（二）设区市如何制定本市《城市综合管理办法》

设区城市人民代表大会常务委员会应依据《中华人民共和国立法法》授权，制定本城市《城市综合管理办法》，作为本市及下辖市、县、区、旗城市综合管理工作和城市管理执法具体操作依据。

《城市综合管理办法》经设区城市人民代表大会常务委员会表决通过、报省级人民代表大会常务委员会核准备案后，具有法律效力。

《城市综合管理办法》应当全面、具体、详尽，建议主要包括以下内容：

第一章 总则

第二章 机构设置与编制

第三章 市政管理

第四章 公用事业管理

第五章 城市容貌管理

第六章 园林绿化管理

第七章 环境卫生管理

第八章 流动商贩管理

第九章 交通与停车管理

第十章 无家可归者救助管理

第十一章 饲养动物管理

第十二章 废品回收管理

第十三章 渣土管理
第十四章 应急管理与重大活动保障
第十五章 集体专属空间管理
第十六章 相对集中行政处罚权
第十七章 信息公开与公众参与
第十八章 条件保障与公务协助
第十九章 法律责任
第二十章 附则

《城市综合管理办法》的制定，应符合本地的经济社会发展水平，尊重地域文化和民风民俗，每个城市都不可能完全一样，这也是全国人民代表大会制定《中华人民共和国立法法》时授予设区城市城市管理立法权的立法原意。

设区城市充分利用《中华人民共和国立法法》授予的这一权力，制定好《城市综合管理办法》，可以化解目前城市管理工作中的绝大部分矛盾。

（三）如何建立城市管理执法机关与公安机关常态化公务协助机制

没有公安机关的参与、支持、配合，做好城市管理执法工作是不可能的。建议各级党委、政府在现有法律体系框架内，依法建立城市管理执法机关与公安机关常态化公务协助机制。

第一，建议各县（市、区、旗）人民政府组建常态化“城市管理 + 公安 + 交警”联合执法队，共派共用，每天共同上街巡逻，各司其职，各尽其能，及时解决城市管理中遇到的暴力执法、暴力抗法、妨碍公务问题。联合执法过程中，警察严格依法行使警察权，城市管理严格依法行使城市管理权，不超越现有法律体系规定。

第二，建议各县（市、区、旗）公安局或分局在城市综合管理行政机关设立“城市管理公安派出所”，及时立案办理涉及城市管理暴力执法、暴力抗法、妨碍公务等案件，并协助城市管理执法机关做好公共安全预案，减少违法犯罪。

设区城市公安局原设立的城市管理公安分局、城市管理警察支队，建议全部撤销，把警力下沉到市辖区，按上述方式重新组建，让警察走上街面，按中央要求提高群众见警率，增强城市管理执法保障力度。

（四）如何建立城市管理执法机关与人民法院公务协助机制

为保障城市管理执法行政效率，建议各县（市、区、旗）人民法院行政庭附设城市管理法庭，相对固定安排两三名法官，优先及时审判城市管理执法机关申请强制执行的案件，以及起诉城市管理执法机关的案件。

后　记

西苑出版社为出版本书付出了辛勤劳动，在此表示衷心感谢！

浙江财经大学公共管理学院教授、城市发展与管理系主任杨雪锋博士参与了书稿审订，和谐宜居（北京）科技文化发展有限公司为本书编写提供了保障条件，在此一并表示衷心感谢！

本书由和谐城管网（www.hexiechengguan.net）、宜居城市网（www.yijuchengshi.com）独家征订。

由于时间紧、任务重，书中一定有很多疏误之处，敬请广大读者批评指正，以便重印时修订。

2016 年 10 月 29 日